桥梁立柱钢筋保护层厚度控制技术

蔡万军　侯青峰　袁高明　刘　功　简保永　编著

徐海见　孟　全　审

人民交通出版社股份有限公司

北　京

内 容 提 要

本书分析了保护层厚度对钢筋混凝土结构物性能的影响，提出了钢筋保护层厚度控制技术及钢筋保护层厚度合理值确定方法，介绍了作者研制开发的用于控制保护层厚度的球面垫块、浮动式立柱模具、无损检测仪及雷达分析软件。

本书可供从事钢筋混凝土工作的各类专业人员参考使用。

图书在版编目(CIP)数据

桥梁立柱钢筋保护层厚度控制技术 / 蔡万军等编著. — 北京：人民交通出版社股份有限公司，2023.4

ISBN 978-7-114-18725-4

Ⅰ.①桥… Ⅱ.①蔡… Ⅲ.①钢筋混凝土桥—立柱—厚度 Ⅳ.①U448.34

中国国家版本馆 CIP 数据核字(2023)第 061667 号

Qiaoliang Lizhu Gangjin Baohuceng Houdu Kongzhi Jishu

书　　名：**桥梁立柱钢筋保护层厚度控制技术**

著 作 者：蔡万军　侯青峰　袁高明　刘　功　简保永

责任编辑：赵瑞琴

责任校对：赵媛媛　魏佳宁

责任印制：张　凯

出版发行：人民交通出版社股份有限公司

地　　址：(100011)北京市朝阳区安定门外外馆斜街 3 号

网　　址：http://www.ccpcl.com.cn

销售电话：(010)59757973

总 经 销：人民交通出版社股份有限公司发行部

经　　销：各地新华书店

印　　刷：北京虎彩文化传播有限公司

开　　本：787×1092　1/16

印　　张：6.5

字　　数：157 千

版　　次：2023 年 4 月　第 1 版

印　　次：2023 年 4 月　第 1 次印刷

书　　号：ISBN 978-7-114-18725-4

定　　价：38.00 元

淮滨至信阳高速公路(编号S62)是河南省高速公路网调整规划中的12条东西横向通道之一。路线全长98.487km,总体走向大致为东西方向,东起于信阳市淮息高速公路,主要经过信阳市息县、驻马店市正阳县和确山县,以及信阳市平桥区,在王岗乡东南接沪陕高速公路。河南省公路工程局集团有限公司、河南省第二公路工程有限公司以建设—移交(BT)模式建设淮滨至信阳高速公路项目。该项目于2016年12月开工建设,2019年建成通车。2017年5月,为了解决桥梁立柱钢筋保护层厚度合格率偏低的问题,采用了本书介绍的桥梁立柱钢筋保护层厚度控制技术。

使用结果表明,采用立柱球面垫块代替方形垫块,使垫块用量减少三分之二;采用浮动式立柱模具装置代替传统的固定模板,使用寿命长,不变形,减少了脱模剂用量,精度高,安装速度快;采用立柱球面垫块模具批量生产预制球面垫块,速度快、精度高、成本低;采用立柱球面垫块专用安装工具安装球面垫块,施工速度快、质量高、费用低。因此,推广应用桥梁立柱钢筋保护层厚度控制技术具有较好的经济效益和社会效益。

由于作者水平有限,加之时间仓促,书中不当之处在所难免,敬请读者指正。

编著者

2023年3月

目录 CONTENTS

第1章　绪　　论

1.1　背　　景

桥梁、涵洞、隧道在公路结构中占了很大的比重，且主要以钢筋混凝土结构物为主。在公路建设中，目前普遍存在钢筋保护层厚度不合格的问题，并已成为公路建设的质量通病，严重影响桥梁、涵洞、隧道等钢筋混凝土结构物的结构强度和寿命。

众所周知，对于钢筋混凝土构件而言，保护层的重要性是不言而喻的。钢筋保护层使钢筋在混凝土的握裹之下，对钢筋具有锚固力，使钢筋和混凝土共同受力，让钢筋混凝土结构发挥正常的功能和作用。保护层过薄，可能导致钢筋在使用期限内严重锈蚀，失去功能；而保护层过厚，则混凝土表面容易产生开裂，从设计计算模型来看，也会导致截面有效面积减小，降低截面受弯承载力。同时保护层可防止潮湿气体和水渗入，避免钢筋腐蚀、膨胀而破坏混凝土，从而维护结构耐久性，确保其正常的安全使用功能和使用年限。

目前，公路桥梁下部结构基本上都采用钢筋混凝土结构。由于混凝土自身逐渐风化的特性，混凝土表层会随时间增长失去自身密实的水泥石结构，逐渐变得疏松，甚至出现裂隙。钢筋混凝土结构中，如果钢筋的保护层厚度不足会影响构件的耐久性，严重的甚至使构件早早失效。根据以前工地施工数据显示，立柱钢筋保护层厚度的合格率一直偏低，一般只有40%左右。近几年，由于立柱钢筋采用钢筋笼滚焊机加工，再加以混凝土垫块的使用，根据交通运输部2017年上半年质量检查统计汇总，立柱钢筋保护层厚度合格率虽有提高，但平均合格率仅为67.6%，桥梁立柱钢筋保护层厚度问题成为桥梁施工最主要的质量通病。

在此背景下，研究钢筋保护层厚度控制技术具有现实意义。

1.2　国内外研究现状

1.2.1　钢筋保护层厚度控制研究

由于实际工程中钢筋保护层厚度引起的工程质量问题不断出现，人们逐渐意识到钢筋保护层厚度对混凝土构件的重要性。国内外越来越多的学者开始深入地研究钢筋保护层厚度在实际构件中所起的作用，针对其展开了各种试验和理论分析，并结合构件进行各种垫块(间隔件)的力学试验。

我国早在20世纪80年代就已经意识到钢筋保护层厚度的重要性，并组织专家成立专题小组研究一般条件下的钢筋混凝土耐久性及其对保护层厚度的要求。根据混凝土中钢筋锈蚀的主要条件，就混凝土碳化以及不同钢筋保护层厚度对钢筋混凝土单向板受力性能及对钢筋锈蚀的影响，做了实际工程调查和试验研究。在综合分析调查与研究成果的基础上，阐述了混凝土碳化和钢筋锈蚀的主要影响因素及其对构件的实际危害；考虑结构耐久性要求，专家们就钢筋保护层最小厚度的取值和保证混凝土施工质量的措施提出了相应的建议。

赵兴宏进行了钢筋保护层厚度控制要点研究，认为钢筋保护层厚度关系到钢筋混凝土结构物力学性能、使用寿命、耐久性及安全性。对于施工技术人员来说，控制钢筋保护层厚度是十分重要的问题。为控制钢筋保护层厚度，保证钢筋混凝土中钢筋就位的准确性，确保钢筋混凝土的承载力、耐久性和安全性，结合近几年公路工程监理实践，分析了影响钢筋保护层厚度的主要原因，并提出钢筋保护层厚度合格率的控制要点。

贺文也进行了钢筋保护层厚度控制要点研究，认为钢筋保护层的质量是结构耐久性的一个重要指标，具有保护钢筋不受腐蚀的作用，对于提高钢筋混凝土结构安全和持久性具有重要意义。钢筋保护层质量的控制措施中，施工操作是最重要的一个环节，在混凝土质量控制好的前提下，进行规范操作才有意义。另外，只有确保操作人员对钢筋保护层厚度重要性有充分的认识，才能控制好钢筋保护层质量。

滕继源研究指出，钢筋保护层是指混凝土构件中起到保护钢筋、避免钢筋直接裸露的那一部分混凝土，从混凝土表面到最外层钢筋（包括纵向钢筋、箍筋和分布钢筋）公称直径外边缘之间的最小距离为钢筋保护层厚度。而钢筋保护层厚度超出误差范围形成的工程质量隐患是难以修复的。因此，要充分认识钢筋保护层厚度对工程结构的重要性，严格控制钢筋保护层厚度，并特别关注负弯矩钢筋的保护层厚度问题，确保构件处于正常工作状态，提高混凝土工程的质量。

王秋实研究认为，钢筋保护层厚度控制是钢筋混凝土结构构件力学性能和建筑物使用寿命及耐久性的重要问题。因此，如何合理控制钢筋保护层厚度，确保钢筋保护层厚度与构件承载力的关系，是十分重要的。

王书林针对钢筋保护层厚度合格率偏低的现状，结合公路工程施工监理实践，分析了影响钢筋保护层厚度的主要因素，并提出提高钢筋保护层厚度合格率的质量保证措施。

杨传银在《浅谈桥梁结构物钢筋混凝土保护层厚度施工质量控制要点》中指出，钢筋保护层厚度是指从受力纵筋的外边缘到构件混凝土的外边缘之间的距离，保护层对钢筋起保护作用，使钢筋不被锈蚀。它是根据能同时满足耐久性和钢筋黏结锚固这两方面的要求规定的。它直接涉及混凝土构件的结构承载力、耐久性和防火性。钢筋保护层厚度关系到钢筋混凝土构件力学性能和建筑物使用寿命及耐久性。如何控制桥梁结构物钢筋保护层厚度，是十分重要的问题。

李仲来、彭通洲在《论析钢筋混凝土结构物保护层施工控制措施》中提出，当前钢筋混凝土结构工程施工中，钢筋保护层厚度合格率偏低一直是钢筋混凝土工程施工中的主要问题。随着时间的推移，钢筋混凝土结构物均不同程度地出现锈迹、钢筋外露、表层混凝土崩裂问题，严重影响钢筋混凝土结构的承载能力和耐久性。长期以来，在对钢筋保护层厚度的控制问题认识不清，检测手段缺乏，各级监管缺失等多种因素的影响下，钢筋保护层厚度合格率偏低已是普遍现象。

王新丽进行了结构物钢筋保护层施工质量控制研究，作者认为对于桥梁的上部结构，控制好钢筋保护层厚度对于增加结构物使用性和耐久性具有十分重要的意义。

余金山、吉同元、方海东等在《水工结构物混凝土保护层的作用及质量控制》中，针对水工结构物钢筋保护层厚度普遍控制不严的现状，简要分析了钢筋保护层厚度对钢筋混凝土结构的承载能力与耐久性的影响，同时结合大量的检测实践，指出当前水工结构物施工在钢筋保护层厚度控制方面存在的不足，并对这方面的质量控制提出了具体建议。

国外方面,Steen Rostam 详细阐述了钢筋保护层厚度的重要性以及如何才能得到高质量的钢筋保护层。他根据 CEB-FIP Model Code 1990(MC90)中对正常使用阶段的设计要求,从耐久性、腐蚀机制、传递机制、钢筋、混凝土特性等几个方面讨论了影响钢筋保护层质量的因素。作者指出,为了提高钢筋保护层的质量,应尽量选用低水灰比、低渗透性的混凝土;在有效控制钢筋间距的基础上,尽量加大钢筋保护层厚度;在浇筑过程中注意钢筋的位置;保证混凝土的养护条件;尽早发现混凝土的腐蚀机理并迅速采取防治措施。

1.2.2 施工垫块研究

重庆望变电气(集团)股份有限公司发明了“干变拉带弧形垫块”。干变拉带弧形垫块包括呈半圆柱状的垫块主体以及设置在垫块主体径向上的通孔,通孔内滑动连接有管状的定位管,定位管与通孔同轴且可伸出通孔。垫块主体的平面上设有通槽,通孔位于通槽的中心位置,通槽内设有垫片。通过垫片来保证钢筋的混凝土保护层厚度。

成都市卓睿科技有限公司发明了“建筑用弧形钢筋塑料垫块”。该垫块包括一个长方体作为其基本结构,在长方体的上面和下面分别设置有至少四个支脚,支脚为圆柱形,且支脚最上部为圆弧形状,可以将所要分离开的钢筋和模板比较稳定地固定在四个支脚的里面,使其不容易滑落出来,也就意味着该垫块不容易发生移位,能够最大限度地保证钢筋和模板之间的距离,即可保证钢筋保护层的厚度。

黑龙江省中信路桥材料有限公司发明了“一种控制钢筋保护层厚度的混凝土垫块”,用于建筑施工技术领域。该垫块包括垫块本体,垫块本体的中心位置设有通孔,四个顶角为圆弧形,四个侧壁上分别布置有四个槽口,每个槽口均与相邻的顶角相切,任意一弧形槽口的弧形顶点与其对应的两个顶角所在平面的距离即为钢筋保护层厚度,解决了现有钢筋混凝土施工过程中不能保证钢筋与模板之间的距离,导致钢筋露于混凝土之外的问题。垫块本体的其中一端凹槽内支撑有钢筋,相对应的另一端通过两个圆弧形顶角支撑在模具模板上。该垫块具有结构简单、强度高、使用方便、成本低、制造简便等优点,能够提高工作效率和工程质量。

王树森发明了“一种基层钢筋骨架支撑垫块”,该垫块包括呈圆柱体状的本体,本体的顶面上开设有贯穿整个截面的凹槽,凹槽的正投影视图呈圆弧形、U 形或 V 形。该垫块能够防止钢筋和骨架模板之间的滑脱,保证钢筋保护层厚度。其结构简单,使用灵活,易于加工制作,通过设置连接杆,能够确保使用的精确性。

重庆陶家都市工业园开发建设有限公司发明了“建筑施工用钢筋混凝土保护层垫块”。该垫块用于建筑施工领域,包括在上表面设置有弧形凹槽的长方体形状的垫块本体,垫块本体的侧表面设置有波纹状分布的条形槽,在上部的四个角处设置有四根预埋钢丝,垫块与建筑物的框架结构连接紧密、不易脱落,能确保钢筋保护层厚度。

安平发明了“钢筋保护层厚度确保装置”,该装置包括垫块基体和紧固套。垫块基体是六面体结构,垫块基体上设有穿槽,至少一个面上设有弧形凹槽。紧固套包括卡条,卡条上均匀设有多个卡槽;卡条的尾端设有卡扣,前端穿过垫块基体上的穿槽,借助卡槽与卡条尾端的卡扣相连接。垫块基体位于钢筋和模板之间,既能固定钢筋位置,同时还能确保钢筋保护层的厚度,很好地防止了钢筋外露被腐蚀。另外,由于紧固套的使用非常快捷、方便,大大提高了工作效率,且能重复使用,不会误伤施工人员。

上海住总工程材料有限公司发明了“钢筋网格用钢筋混凝土保护层定位件”,该定位件包括三角柱和定位夹。定位夹通过弯勾埋件埋入三角柱的固定连接,定位夹下端设有弯勾埋件,弯勾埋件顶端与呈圆弧形的定位夹连体,定位夹顶部折成外翻的喇叭口,在三角柱的底部设有内凹坑。由于定位件的四边设有内凹面和一次压制成型的工艺结构,实现了钢筋保护层尺寸的精确控制,使其抗压强度达到 80MPa,既提高了劳动生产率,又提高了预制构件的质量。

王敦军发明了"建筑用钢筋定位垫块",该定位垫块本体上设有用于放置钢筋的矩形开口,矩形开口的底部设有与钢筋直径相适配的弧形槽。该定位垫块结构简单、设计合理,可增大钢筋与垫块之间的摩擦力,从而方便钢筋的定位和固定,并且能有效分离钢筋和模板,提高建筑工程施工的质量和效率。

中国华冶科工集团有限公司发明了"钢筋保护层垫块",用于浇筑混凝土柱时,支撑在箍筋和模板之间,确保钢筋保护层厚度。该垫块为六面体,包括正面、反面、顶面、底面、左侧面及右侧面。左侧面和右侧面的形状是由梯形和梯形上底的两个端点之间向外凸出的弧形围成,垫块至少设置有两个贯穿正面和反面的通孔。垫块的顶面与模板内侧接触,底面与箍筋外侧接触,垫块的厚度即为钢筋保护层的厚度。垫块的弧形曲率大于与其接触的模板曲率。垫块能够保证钢筋保护层厚度均匀,且与模板和箍筋稳定连接。

湖北全洲扬子江建设工程有限公司发明了"钢筋混凝土保护层金属垫块",适用于大型钢筋混凝土构件,其使用铝合金材料,用专用模具压铸机压铸成型。垫块主体上部呈十字加强筋主体结构,下部设置有四个支脚,四个支脚构成侧面呈圆拱形且用于与主筋绑扎和填充混凝土的腔空胶位结构,十字加强筋上端呈弧形槽结构,弧形槽表面有小齿,形成齿形卡口,用于与主筋卡接。该金属垫块结构合理,可连续生产,效率高、成本低、密度小、强度高、刚度大、稳定性好,有良好的耐腐蚀和抗氧化性,能确保钢筋保护层厚度,并能有效地与钢筋、混凝土融为一体,保证在建筑物的设计寿命周期内不被氧化,从而保证了钢筋混凝土构件的耐久性。各种工程可根据钢筋保护层厚度来选择金属垫块的型号,减少了垫块的种类。

陈冠发明了"一种钢筋混凝土保护层垫块"。该垫块的主体为柱体,柱体的两端面与柱体的中心线垂直,柱体的其中一个端面上设有横向贯通的弧形沟槽。柱形垫块可以在挤压成型设备上挤压成型并推出半成品,大大提高了生产效率和产品质量。同时,利用半干法混凝土原料,大大地降低了垫块内部的用水量,有助于提高垫块的密实度,最终提高垫块的强度。另外,本方柱形垫块结构把弧形沟槽设置成对角线方向后,与锥体底面形成支撑点的方式作用等同,在相同性能指标下可节省原材料 25%~35%。

朱新伟发明了"钢筋混凝土保护层垫块"。该垫块的主体为锥体或棱台体,锥体或棱台体的顶面上设有一弧形沟槽,在锥体或棱台体的底面与沟槽底端之间的 1/2 处设有铁丝孔,该铁丝孔与沟槽相互垂直,具有较好的力学性能,支撑力比较理想,能够适应现场施工中复杂和恶劣的施工条件,有一定的实用价值。

南宁泰格金属制品有限公司发明了"钢筋混凝土中的钢筋保护层垫块"。该结构是在具有一定厚度的长方形板的四条边分别设有弧形凹槽,其四个角均呈圆弧形角,长方形板平面内开有两个线孔。长方形板用高强度等级的水泥砂浆、塑料或其他材料制作而成,使用时垫在模板与钢筋之间。其特点是精度高、强度高、施工方便、稳定性强,钢筋保护层厚度均匀,拆模后无露筋。

吴石志发明了"钢筋保护层厚度定位垫块"。该定位垫块包括一个圆环及由圆环处向外辐射的支撑脚,两相邻支撑脚向圆环内延伸,端部呈圆弧状,圆弧的圆心与圆环圆心重叠,圆环被两相邻支撑脚裁缺,在圆环外各相邻支撑脚间设有一加强筋。施工中钢筋是靠两圆弧合抱着,两圆弧形成的开口可随钢筋的直径不同自动调整,便于施工操作,确保钢筋保护层厚度,提高了功效和质量。

王军海发明了“确保钢筋保护层厚度的塑料垫块”。该塑料垫块起支撑作用部分的尺寸与施工规范规定的钢筋保护层厚度尺寸一致。由于分别设有卡口呈圆弧形的凹槽,它能紧密地卡于钢筋之上或支撑在钢筋的下部,从而保证浇筑混凝土时准确地形成钢筋保护层,避免露筋及钢筋保护层厚度不均匀等工程事故的发生。

1.2.3 钢筋保护层厚度检测研究

钢筋混凝土作为建筑结构材料的应用始于20世纪后半叶,后来很快在土木工程领域广泛应用,并在材料、设计方法、制作工艺、施工技术等方面有很大发展。

在国外,钢筋混凝土相关重要参数的检测技术及产品应用已相当成熟。产品方面如基于非破坏性脉冲感应技术,有多年专业测量经验的瑞士公司生产的钢筋扫描仪。它的主要功能是测量钢筋混凝土保护层厚度以及钢筋的直径,不仅能检测最外层的钢筋参数,还能检测到第二层的钢筋参数。又如基于超声波原理,由瑞士公司生产的钢筋混凝土探测仪,融入了电磁兼容技术,能在复杂环境下工作,将由材料、环境、天气等因素引起的电磁干扰大大降低,确保检测数据的准确性。该探测仪的探测方式分为数字方式和扫描方式,既可以获得所需的工程数据,也可使探测结果可视化。

国外的钢筋混凝土参数检测算法研究较中国起步早,设备先进,但价格昂贵,且需要良好的生产环境,而且国外的钢筋混凝土标准与国内大不相同,如国外所用的钢筋材质及标准就与国内所用的不同,因此不适合应用于国内工程体系的检测。

国内对于钢筋保护层厚度的测定始于20世纪70年代初。1972年,山东省昌潍建筑工程公司自主研发并生产了国内最早的晶体管钢筋保护层厚度探测仪。20世纪90年代末,工程上开始将单片机应用于钢筋保护层的测厚。探测仪将用户转换器所转换的钢筋保护层厚度的数字信号传送至单片机,并经由其处理后,将保护层厚度值显示在液晶显示器上。但对数据的处理没有融入一定的算法,测定速度较慢,实时动态性较差。国内的算法起步较晚,后来叶爱文、谢慧才发表了《混凝土中钢筋直径雷达检测的神经网络方法》,着重阐述了在雷达法下神经网络在混凝土钢筋检测中的应用。

秦网根、方海东、吉同元等在《探地雷达在船台结构物检测中的应用》中,针对船台结构物钢筋保护层厚度和间距的检测,就探地雷达在大尺寸钢筋保护层厚度检测中的应用进行了探索,既弥补了目前已有的磁性检测仪器的缺陷,也扩大了探地雷达的应用范围。

黄河在《混凝土钢筋位置测定仪计量标准技术研究》中提到,混凝土钢筋位置测定仪是混凝土结构无损检测的重要仪器,具有体积小、操作简便等特点,在交通运输行业的使用率很高,已经被列入“公路工程试验检测机构等级标准”中综合甲级及桥隧专项的黑体字项,是综合甲级和桥隧专项检测单位的必备设备。

山东高速青岛公路有限公司、山东省交通科学研究所、山东高速青岛发展有限公司发明了“一种基于混凝土结构耐久性的检测及施工控制方法”,提供了一种用于施工完成后对混凝土结构物的耐久性进行检测的方法和一种确保混凝土结构物的耐久性符合检测标准的施工控制方法。两种方法均采用了耐腐蚀系数 K,合理的 K 值反映了实体钢筋混凝土结构物的耐久性水平。对于运营单位来说,可以找出结构物耐久性的薄弱构件,为日常维护提供指导;对于设计单位来说,可以在现有施工控制水平下,对结构物耐久性设计参数进行调整,以提高实体结构物的耐久性合格率。

综上所述,国内外均进行了大量的钢筋保护层厚度控制技术研究,也取得了一定的效果,在提高公路桥梁、涵洞、隧道等钢筋混凝土结构物的质量方面起到了一定的作用,但是这些技术没有从根本上解决钢筋保护层厚度不足的问题,具体表现在以下几个方面:

(1)目前的钢筋保护层厚度检测技术均为成品质量检测技术,缺乏施工过程中质量控制的检测技术。

(2)目前的钢筋保护层厚度质量控制技术可操作性不强,实用性有局限,没有起到决定性作用。

(3)目前的钢筋混凝土结构物施工工艺有待优化,尤其需要在钢筋保护层厚度质量控制方面下功夫,提高技术,优化工艺。

(4)目前缺少实用的钢筋保护层厚度不均匀质量缺陷的修复技术。

未来发展趋势:

(1)在质量检测方面,由施工结束后的质量检测向施工中的质量控制暨施工过程中的质量检测过渡。

(2)在质量控制技术方面,向操作性更强的方向发展。

(3)在施工工艺方面,向简明化、标准化、工厂化方向发展。

1.3 本书主要研究内容及技术路线

1.3.1 本书研究的主要内容

本书的主要研究内容如下:

(1)钢筋保护层厚度不均匀的原因分析。

(2)钢筋保护层厚度不均匀对结构物耐久性、与钢筋的黏结力、耐腐蚀性、承载能力的影响。

(3)提高钢筋保护层厚度合格率的措施。

(4)钢筋保护层厚度合理取值研究。

(5)球面垫块、生产模具、安装工具研究。

(6)浮动式立柱模具装置、自动化方形立柱模具研究。

(7)电磁波穿过单根钢筋、多根钢筋、斜穿模板时异常"点元"的电磁波响应特征研究。

(8)钢筋保护层厚度无损检测仪研发。

(9)钢筋保护层厚度雷达分析软件开发。

1.3.2 技术路线

通过分析钢筋保护层厚度不均匀的原因,并使用 ANSYS 软件分析因钢筋保护层厚度不足对桥梁、涵洞、隧道产生的破坏及对结构物寿命的影响。开发施工过程中钢筋混凝土结构物保护层厚度检测技术及检测仪器,并研制开发新型的模板和垫块,使用 ANSYS 软件进行新型模板的受力及变形分析,确保钢筋保护层厚度。通过优化钢筋混凝土结构物施工工艺,进一步保证钢筋保护层厚度。

本书研究以钢筋保护层厚度控制为主线,通过理论分析、工程调研和试验研究,在系统分析钢筋保护层厚度中问题出现的部位、形式和实测数据的基础上,提出钢筋保护层厚度在设计施工中存在的主要问题，给出关键控制措施，并通过具体工程验证其实用性。其主要研究路线如图 1-1 所示。

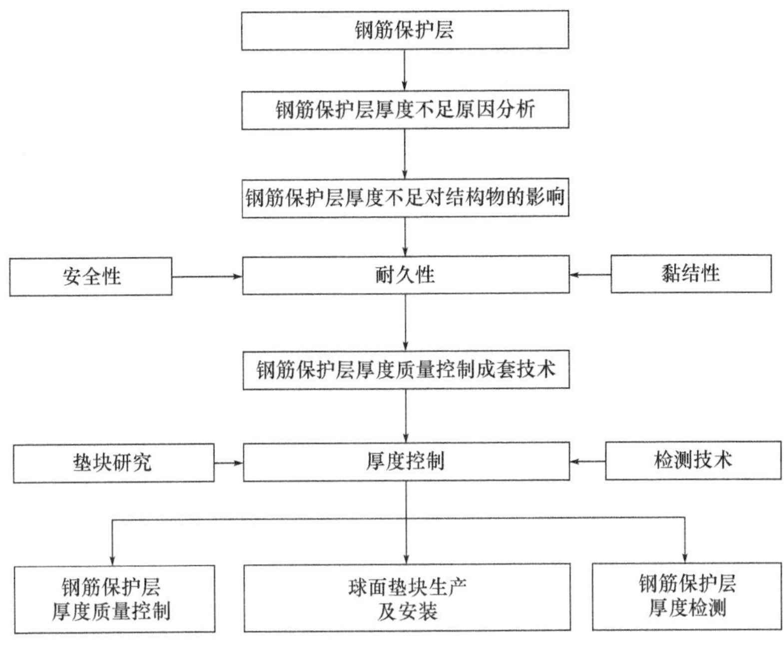

图 1-1　研究技术路线

第2章　钢筋保护层厚度对结构物性能的影响

2.1　钢筋保护层厚度对桥梁结构的影响

钢筋保护层厚度是指最外层纵向钢筋、分布钢筋或箍筋公称直径外边缘到混凝土外表面之间的最小距离，对后张法预应力混凝土结构，为波纹管外边缘到混凝土表面的距离。钢筋保护层的作用主要在于：

(1)提供足够的钢筋黏结力，保证钢筋与混凝土共同工作。

(2)对钢筋与外部环境进行物理隔离，防止或延缓钢筋锈蚀，延缓氯离子进入速度，保证结构有足够的耐久性。

(3)增加结构在火灾及冻融环境下耐火能力及抗冻性。

对于桥梁工程而言，结构受力复杂、技术标准高、设计年限长(桥梁结构的设计基准期一般为100年，而建筑结构的设计基准期一般为50年)，这就对桥梁结构的耐久性提出了更高的要求。而钢筋保护层厚度是影响结构耐久性的主要因素，如《公路钢筋混凝土及预应力混凝土桥涵设计规范》(JTG 3362—2018)中对钢筋保护层厚度要求为强制性条文，必须严格执行。但根据现有的资料统计显示：混凝土结构因钢筋保护层的破坏引起钢筋锈蚀导致的结构安全事故严重程度已远过于因结构构件承载力安全水准设置偏低所带来的危害。因此有必要对钢筋保护层的重要性、结构耐久性影响规律及其施工质量控制方法进行探讨。

2.1.1　钢筋保护层厚度的设计要求

1)钢筋混凝土的力学性能

钢筋混凝土结构是由钢筋和混凝土两种材料组成的。钢筋是一种抗拉性能很好的材料，而混凝土具有较高的抗压强度，且抗拉强度很低，但是两者的热膨胀系数较接近。根据构件的受力情况，合理的配置钢筋可形成承载能力较强、刚度较大的结构构件。在结构计算时，钢筋混凝土构件是作为一个整体来承受外力的，由于混凝土的抗拉强度很低，为简化计算，一般混凝土只考虑承受压应力，而拉应力则全部由钢筋来承担。

2)钢筋保护层厚度不宜过小

在钢筋混凝土工程中，对于受力构件截面设计来讲，受拉的钢筋离受压区越远，其单位面积的钢筋所能承受的外部弯矩就越大，这样就可以更好地发挥钢筋的效用，节省更多的钢材。但钢筋保护层厚度并非越小越好，这是因为钢筋在潮湿的环境中容易锈蚀，如果钢筋保护层厚度过小，也就是钢筋过分靠近受拉区一侧，一方面容易造成钢筋露筋或钢筋受力时引起表面混凝土剥落，另一方面，随着时间的推移，表面的混凝土将逐渐碳化，不久以后，钢筋外层混凝土就会失去保护作用而导致钢筋锈蚀，引起钢筋面积减少，黏结能力降低，进而导致构件整体性发生破坏，严重时甚至导致整个结构发生灾难性破坏。

3）钢筋保护层厚度亦不能过大

由于普通钢筋混凝土一般设计为带钢筋工作，规范通过控制钢筋间距来控制结构的耐久性。无滑移理论认为钢筋间距 w_{fmax} 与保护层厚度 c 满足式（2-1）：

$$w_{\mathrm{fmax}} = kc\frac{\sigma_{\mathrm{ss}}}{E_{\mathrm{s}}} \tag{2-1}$$

式中：k——最大钢筋间距与平均钢筋间距的扩大系数；

σ_{ss}、E_{s}——钢筋应力及弹性模量。

由式（2-1）可知：钢筋保护层厚度过厚，容易使混凝土钢筋间距增大，进而增大钢筋锈蚀的可能性。另外，对于相同截面的板或梁，钢筋保护层厚度越厚，截面的有效高度就越小，承受相同的荷载所需的钢筋用量增加。

因此，钢筋保护层厚度应合理设置，既要保证构件有足够的耐久性，又要保证经济合理。

2.1.2 钢筋保护层厚度对结构耐久性的影响

1）钢筋保护层厚度的物理保护作用

钢筋保护层厚度与结构的耐久性直接相关，就耐久性方面而言，钢筋保护层厚度的作用主要体现在它能隔绝外部环境有害介质与钢筋表面直接接触，防止钢筋腐蚀。外介质若要到达钢筋表面，就需先通过钢筋的混凝土保护层，在混凝土质量相同的情况下，钢筋保护层厚度越大，外介质通过钢筋保护层到达钢筋表面的时间就越长；混凝土越密实，介质在混凝土中的渗透速度就越慢，到达钢筋表面的时间也就越长。

混凝土的高碱性环境使钢筋表面形成稳定的钝化膜，它能保护钢筋不受腐蚀。保护膜的破坏是钢筋腐蚀的先决条件。一般情况下，保护膜的破坏主要是由于空气中二氧化碳长期作用使混凝土中的碱性物质的碱度降低（俗称碳化）而丧失保护作用。当碳化到达钢筋表面时，若钢筋上有水溶液、氧及电位差，就会发生电化学腐蚀。

2）混凝土碳化

由大气环境中的二氧化碳引起的中性化过程称为混凝土的碳化，碳化速度与二氧化碳浓度有关，浓度越大，碳化就越快。二氧化碳在混凝土中的侵入机理比较复杂，一般认为以扩散为主，扩散基本符合 Fick 第一扩散定律，碳化深度 x 与时间 t 的关系满足式（2-2）。假设碳化到达钢筋表面为钢筋开始锈蚀的时间，则钢筋开始锈蚀的时间 t_i 可由式（2-3）计算：

$$x = k \cdot \sqrt{t} \tag{2-2}$$

$$t_i = \left(\frac{c}{k}\right)^2 \tag{2-3}$$

式中：k——碳化系数；

c——钢筋保护层厚度。

可见，混凝土受碳化腐蚀下，钢筋脱钝开始锈蚀的时间与混凝土保护层厚度的平方成正比。

3）钢筋锈蚀速率

混凝土结构中钢筋钝化膜破坏后，与氧气、水发生反应，生成铁锈。钢筋锈蚀的速率由环境温度、湿度等因素决定，室外受碳化腐蚀结构，其混凝土开裂前钢筋的锈蚀速率 λ_0 可按式（2-4）估算：

$$\lambda_0 = K_0 \cdot c^{-0.675} \tag{2-4}$$

式中:K_0——钢筋锈蚀系数。

一般情况下,钢筋锈蚀系数 K_0的变化范围为 0.03~0.08,在此范围内钢筋的混凝土保护层厚度与钢筋锈蚀速率 λ_0关系曲线见图 2-1。由图 2-1 可见:在其他因素相同的情况下,钢筋锈蚀速率随钢筋的混凝土保护层厚度增大而减小;钢筋锈蚀系数由 0.03 增加到 0.08,混凝土保护层厚度为 10mm 时,锈蚀速率由 0.0063mm/a 增加到 0.023mm/a,增加了 0.0167mm/a,混凝土保护层厚度为 50mm 时,锈蚀速率由 0.0021mm/a 增加到 0.0085mm/a,增加了 0.0064mm/a。同时可以发现,当混凝土保护层厚度大于 50mm 以后,这种差值趋于稳定。由以上分析可知:增大钢筋的混凝土保护层厚度可有效减小钢筋的锈蚀速率。当保护层厚度小于 30mm 时,钢筋锈蚀速率随保护层厚度的增加而显著减小,而当保护层厚度超过 50mm 以后,其对钢筋锈蚀速率的影响不显著。因此,从钢筋锈蚀规律考虑,钢筋的混凝土保护层厚度应进行合理设计,不宜过大或过小。

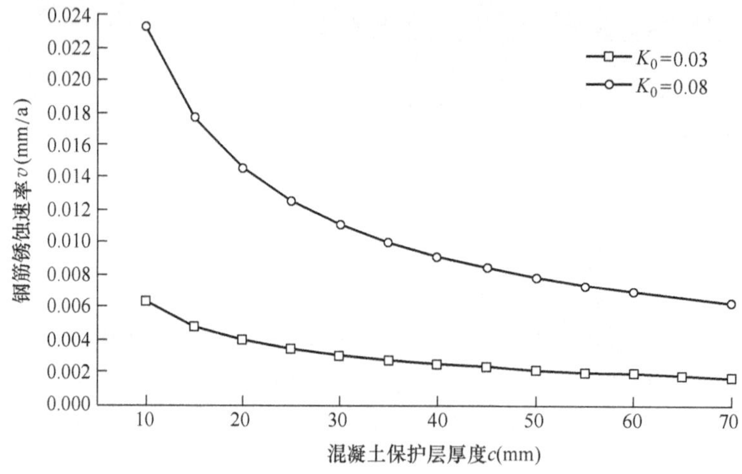

图 2-1 钢筋锈蚀速率随钢筋的混凝土保护层厚度变化曲线

2.1.3 设计与施工中存在的问题

1)设计规范对钢筋的混凝土保护层厚度的要求偏低

在钢筋混凝土应用于土木工程结构至今的 150 多年间,大量的钢筋混凝土结构由于各种各样的原因而提前失效,达不到规定的服役年限,这其中很多是由于结构的耐久性不足导致的。混凝土保护层破坏引起钢筋锈蚀,使钢筋的有效面积减小,导致结构承载力下降甚至破坏,此类破坏在耐久性破坏里占了很大的比重。我国以往不太注重桥梁结构设计的耐久性,对结构的使用年限要求不明确,对耐腐蚀设计也没有足够认识,导致大批桥梁结构出现不同程度的腐蚀破坏,其主要原因是钢筋的混凝土保护层厚度设计值偏低。

由于混凝土保护层对结构耐久性的重要作用,我国新颁布的规范对混凝土保护层厚度提出了要求。《混凝土结构设计规范》(GB 50010—2010)中对混凝土的梁、板和柱的主要受力钢筋最小的混凝土保护层厚度要求见表 2-1,梁、柱中箍筋和构造钢筋的保护层厚度不小于 15mm。《公路钢筋混凝土及预应力混凝土桥涵设计规范》(JTG 3362—2018)中对钢筋的最小混凝土保护层厚度要求见表 2-2。

钢筋的最小混凝土保护层厚度(单位:mm) 表 2-1

类别	板、墙、壳		梁		柱	
	C20~C45	≥C50	C20~C45	≥C50	C20~C45	≥C50
Ⅰ	15	15	25	25	30	30
Ⅱa	20	20	30	30	30	30
Ⅱa	25	20	35	30	35	30
Ⅲ	30	25	40	35	40	35

钢筋的最小混凝土保护层厚度(单位:mm) 表 2-2

构件类别	环境条件		
	Ⅰ	Ⅱ	Ⅲ、Ⅳ
梁、板主筋	30	40	45
箍筋	20	25	30
分布、防裂钢筋	15	20	25

GB 50010—2010 和 JTG 3362—2018 中的最小混凝土保护层厚度要求总体还是偏低,对箍筋和分布钢筋混凝土保护层厚度的要求更低。为了节省钢筋,往往按规范中的最小混凝土保护层厚度进行设计。另外,对于桥梁结构一般采用标准图进行设计,而标准图并没有严格区分不同环境结构对混凝土保护层的要求,导致大量桥梁结构出现混凝土保护层厚度不满足要求的情况。

2)施工与验收质量控制问题

除了设计规范对混凝土保护层厚度的要求偏小以外,施工管理也直接影响到混凝土保护层的质量,现行桥梁施工中普遍存在以下问题:

①施工单位对混凝土保护层的认识不足,认为混凝土保护层对整个构件影响较小,没有全寿命设计的概念。

②为了方便施工,提高施工效率,现场施工人员没有严格按设计要求进行施工。

③混凝土养护不到位,导致混凝土表面出现收缩裂缝,使钢筋的混凝土保护层质量下降。

④施工和监理人员未对钢筋保护层厚度进行及时检测,没有引起足够的重视。

2.1.4 建议

钢筋保护层厚度控制是一个非常重要的问题,对钢筋保护层厚度的忽视将给钢筋混凝土质量留下许多隐患,不重视它所产生的危害将是难以修复的。针对桥梁工程中钢筋保护层在设计、施工和验收方面存在的问题,提出如下建议:

(1)设计时应首先对桥梁结构所处的环境进行研究,确定环境等级,进行耐久性统一设计。技术交底时,应在设计文件中注明各构件不同部位施工时的钢筋保护层厚度,并提供给各方进行监管。

(2)建设、监理和施工单位的技术管理人员要高度重视钢筋保护层的质量控制问题,施工技术交底时要详细、准确地告诉工人如何控制钢筋的混凝土保护层厚度,并对混凝土保护层厚度进行及时检测。

(3)对于桥梁结构不同部位的钢筋保护层厚度,应该有区别地采取不同的控制措施,对于墩、柱钢筋保护层,重点在于控制成型墩柱钢筋笼的直径尺寸;对于混凝土灌注桩钢筋保护层,重点在于控制混凝土垫块的形状和位置;对于盖梁及现浇箱梁钢筋保护层,重点在于防止底板混凝土保护层垫块被压碎。

(4)浇筑混凝土前,施工人员和监理应对钢筋保护层垫块及模板位置等进行全面检测,满足设计及规范要求后方可浇筑混凝土。拆模后,施工和监理还需按规范要求对钢筋保护层厚度及时进行检测,对达不到要求的马上采取补救措施,确保钢筋保护层达标。

(5)由于混凝土材料对混凝的耐久性有直接影响,有些矿物掺合料可能会造成混凝土碱度的降低,加速混凝土碳化,引起钢筋锈蚀。因此,应对混凝土材料进行相关检测,确保掺合物达到规范要求,避免因材料问题引起钢筋保护层厚度提前破坏。

(6)各方均应重视全寿命设计理念,重视耐久性对长期结构性能的影响。

2.2 钢筋保护层厚度对混凝土梁钢筋受力的影响

2.2.1 国内现状

我国各混凝土结构设计规范如 DL/T 5057—2018、JTJ 267—1998、GB 50010—2010、JTG 3362—2018 都没有明确给出钢筋混凝土梁受拉区内任意位置处与钢筋水平处对应的混凝土侧表面钢筋间距换算关系的计算方法,仅《铁路桥涵钢筋混凝土和预应力混凝土结构设计规范》(TB 10002.3—2005)中给出了钢筋混凝土受弯构件中和轴到受拉边缘的距离与中和轴到受拉钢筋重心的距离之比:板取 1.20,梁取 1.10。美国混凝土结构设计规范(ACI318—2019)中规定:对于板式钢筋混凝土受弯构件,其底面钢筋间距与钢筋重心水平对应的侧面钢筋间距的比值近似可取为 1.35;对于梁式构件近似可取为 1.20。

而对于钢筋保护层厚度变化的钢筋混凝土梁受拉区内不同高度处钢筋间距的计算,目前还没有可应用的公式。

我国学者前期进行的钢筋间距试验研究表明:在其他条件基本相同时,混凝土受弯构件钢筋水平处对应的混凝土侧表面的平均钢筋间距和平均钢筋间距表现出随钢筋底保护层和侧保护层厚度的增大而增大的规律。国外学者 Frosch 的钢筋混凝土梁钢筋间距计算模型中,钢筋间距由底面最大值向中和轴方向线性减小。Frantz 等观测了实际工程中大尺寸钢筋混凝土倒 T 形梁,发现钢筋间距在梁腹处达到最大值,且远大于钢筋重心水平处的钢筋间距。Beeby 进行的钢筋理论分析表明:钢筋间距随钢筋保护层厚度的增大而增大,但当距离钢筋较远时,钢筋间距则主要取决于截面曲率,而与钢筋保护层厚度无关。由国内外关于钢筋间距的文献调研可知:先期进行的钢筋混凝土受弯构件保护层厚度变化对钢筋间距影响规律的研究主要局限在钢筋重心水平对应的混凝土侧表面与底表面;对于钢筋保护层厚度变化的钢筋混凝土受弯构件受拉区内不同高度处钢筋间距扩展变化规律的统一认识尚未形成,相应的试验研究未见较详细的报道。

由此,通过 12 根其他条件基本相同而钢筋保护层厚度变化的钢筋混凝土梁的试验,研究受拉区内不同高度处钢筋间距与钢筋间距随保护层厚度的变化规律,确定钢筋间距最大值出现的位置,提出钢筋保护层厚度变化的钢筋混凝土梁受拉区内任意点处与钢筋重心水平处钢筋间距比值的计算公式,实现受拉区内不同高度处与钢筋重心水平处钢筋间距值之间的换算。

2.2.2 试验

本次试验梁其他条件基本相同，控制截面的有效高度 h_0 基本不变，使得曲率变化对钢筋重心水平处钢筋扩展的影响基本一致。保护层厚度 c 在 20～70mm 之间变化，重点观察 c 对钢筋混凝土梁受拉区内不同位置处的钢筋间距与钢筋的影响规律。

构件制作时，在支座处和剪跨段分别焊接 ϕ8mm 短钢筋，保证试验梁底保护层和侧保护层相同。试验梁的设计截面尺寸和实测材料性能列入表 2-3。试验中量测了正常使用各级荷载下出现的各条钢筋在梁底面钢筋重心处的钢筋间距，以及梁侧面 na_s（n=0.5，1.0，1.5，2.0，3.0，4.0，…；a_s 为纵向受拉钢筋重心至梁底面的距离）高度处钢筋间距。

试验梁的设计截面尺寸、实际配筋情况及实测材料性能 表 2-3

编号	b (mm)	h (mm)	l (m)	c (mm)	纵向受力钢筋			混凝土	
					n_d	f_y(MPa)	E_s(GPa)	f_{cu}(MPa)	f_{ts}(MPa)
BC20-1	135	445	3.0	20	2ϕ14	409.4	192	44.9	2.64
BC20-2	135	445	3.0	20	2ϕ14	409.4	192	44.9	2.64
BC30-1	135	455	3.0	30	2ϕ14	409.4	192	44.9	2.64
BC30-1	135	455	3.0	30	2ϕ14	409.4	192	39.3	2.61
BC40-1	170	465	3.1	40	2ϕ18	381.1	190	39.3	2.61
BC40-2	170	465	3.1	40	2ϕ18	381.1	190	39.3	2.61
BC50-1	185	475	3.1	50	2ϕ20	399.4	188	39.3	2.61
BC50-2	185	475	3.1	50	2ϕ20	399.4	188	39.3	2.61
BC60-1	200	485	3.2	60	2ϕ22	368.3	201	46.5	3.04
BC60-2	200	485	3.2	60	2ϕ22	368.3	201	46.5	3.04
BC70-1	220	500	3.3	70	2ϕ25	366.6	194	44.9	2.64
BC70-2	220	500	3.3	70	2ϕ25	366.7	194	44.9	2.64

2.2.3 试验结果分析

1）钢筋间距延伸长度范围内的变化规律

本次试验发现，钢筋保护层厚度的变化使得钢筋扩展沿截面高度方向出现了 3 种变化规律：

（1）c=60～70mm 的构件，钢筋保护层厚度相对较大，钢筋约束区域的发展受到钢筋与曲率的双重影响，底面至侧面钢筋重心和钢筋重心至钢筋尖端间距值近似线性减小，最大钢筋间距出现在梁底面，而没有出现在梁腹[图 2-2a）]。

（2）c=40～50mm 的构件，钢筋间距最大值出现在梁底面，但梁腹处钢筋也有一定间距。钢筋延伸长度范围内间距值并非线性减小[图 2-2b）]。

（3）c=20～30mm 的构件，受纵向受拉钢筋的有效约束，钢筋间距在 a_s 附近较小，随着钢筋不断向中和轴方向延伸，受拉钢筋的约束作用不断减小，钢筋间距在梁腹处达到最大值，而后逐渐减小[图 2-2c）]。

从实测资料来看：对于 c=60～70mm 的构件钢筋间距沿截面高度方向按底面至侧面 a_s 处、超过 a_s 处至钢筋尖端可分别认为是直线递减变化。对于 c=40～50mm 的构件：底面至侧面钢筋重心处、侧面钢筋重心至纵向受拉钢筋有效约束区边缘、超出钢筋有效约束区后钢筋间距可分别认为是直线递减变化。对于 $c=20\sim30$mm 的构件：底面至侧面钢筋重心处为直线递减变化；侧面钢筋重心至纵向受拉钢筋有效影响区边缘为直线递增变化；超出钢筋有效影响区后为直线递减变化。

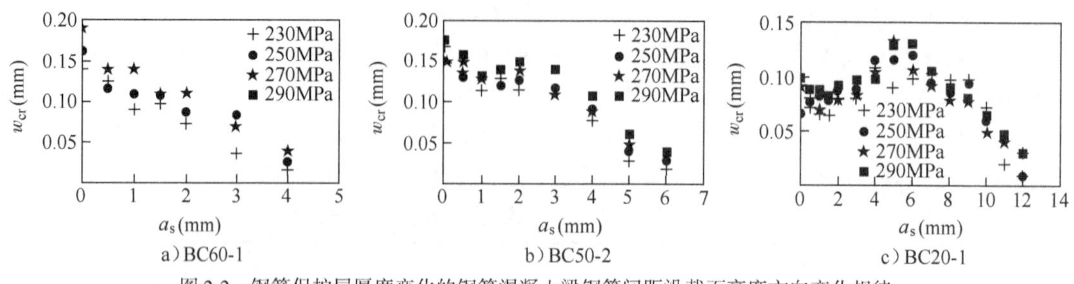

a）BC60-1　　b）BC50-2　　c）BC20-1

图 2-2　钢筋保护层厚度变化的钢筋混凝土梁钢筋间距沿截面高度方向变化规律

2）受拉区内不同高度处 l_{cr} 随 c 的变化规律

钢筋保护层厚度变化为：钢筋混凝土试验梁的主钢筋一般都延伸到纵向受拉钢筋有效影响区 A_{te} 的边缘或者超出 A_{te}。A_{te} 内，实测平均钢筋间距 l_{cr} 都为同一值，且随着保护层厚度的增加呈线性增加的趋势[图 2-3a)]，其线性相关系数为 0.849。当超过 h_{te}，小保护层构件的 l_{cr} 变大，大保护层构件的 l_{cr} 基本不变。取延伸到最高处的钢筋为统计对象，则所有梁的 l_{cr} 基本在同一水平变化[图 2-3b)]。

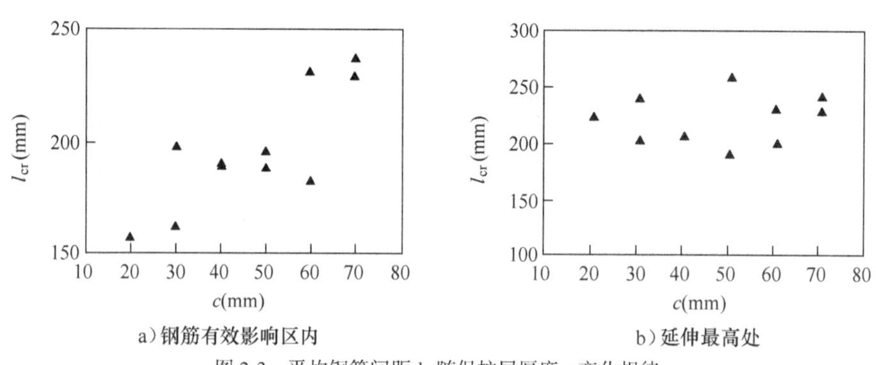

a）钢筋有效影响区内　　b）延伸最高处

图 2-3　平均钢筋间距 l_{cr} 随保护层厚度 c 变化规律

3）受拉区内不同高度处 w_{cr} 随 c 的变化规律

图 2-4 给出了相同荷载水平条件下，实测底面及侧面各个位置处平均钢筋间距随钢筋保护层厚度增加的变化规律，底面至侧面 $1.5a_s$ 处，平均钢筋间距基本上随钢筋保护层厚度的增加而呈线性增加的趋势。超过 $1.5a_s$ 位置后，该规律不成立。

4）钢筋间距扩大系数的统计分析

钢筋保护层厚度变化试验梁的 147 条主钢筋在底面和受拉区不同位置处的 w_i/w_{cr} 的统计分析表明(图 2-5)：底面(711 个数据)、$0.5a_s$(726 个数据)、a_s(749 个数据)、$1.5a_s$(726 个数据)、$2a_s$(716 个数据)、$3a_s$(685 个数据)、$4a_s$(72 个数据)，各位置处的 w_i/w_{cr} 基本上都符合正态分布。离散系数依次为 0.361、0.360、0.373、0.375、0.389、0.397、0.413，按 95%的保证率考虑，钢筋间距扩大系数 τ_s 依次为 1.594、1.592、1.614、1.621、1.650、1.654、1.678。若取钢筋重心水平处的 τ_s 为基准值 1，则受拉区内各位置处 τ_s 的比值依次为 0.99 : 0.99 : 1.00 : 1.00 : 1.02 : 1.03 : 1.04。

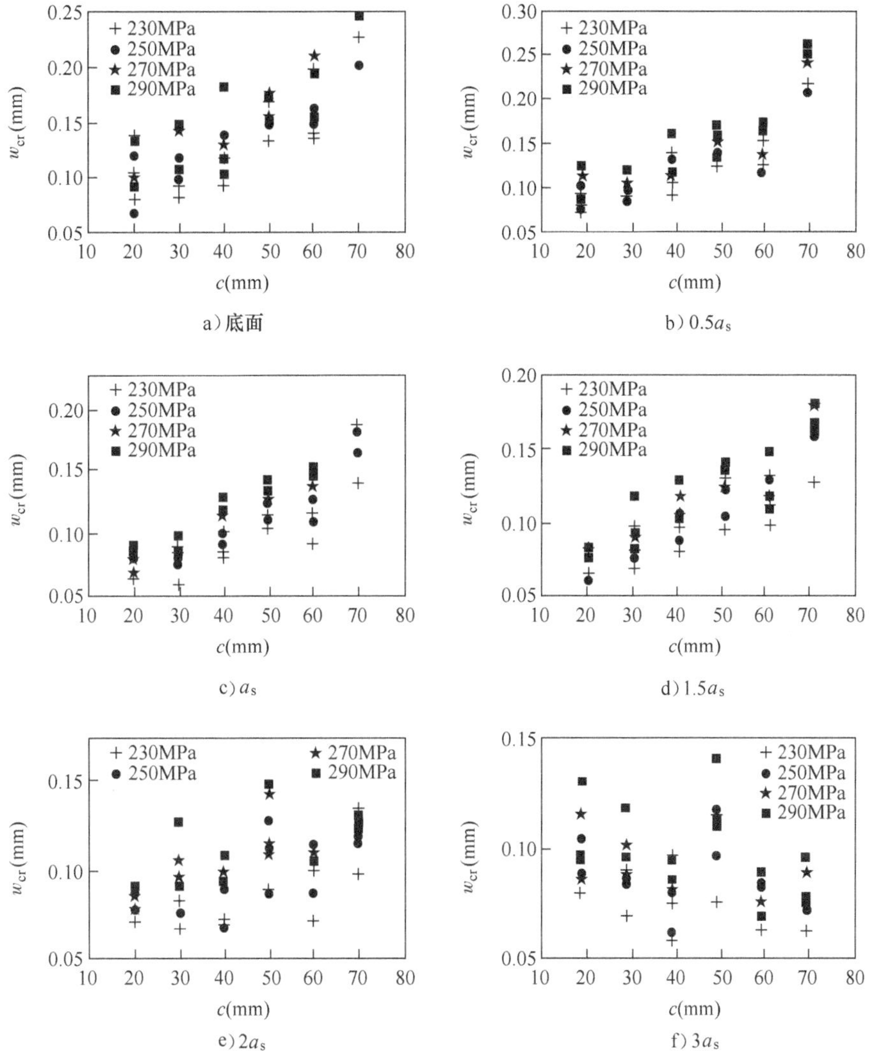

230MPa
250MPa
270MPa
290MPa
w_{cr}(mm)
c(mm)
a) 底面
b) 0.5a_s
c) a_s
d) 1.5a_s
e) 2a_s
f) 3a_s

图 2-4 平均钢筋间距 w_{cr}随保护层厚度 c 变化规律

P
w_i / w_{cr}
a) 底面
b) 0.5a_s
c) a_s
d) 1.5a_s

图 2-5

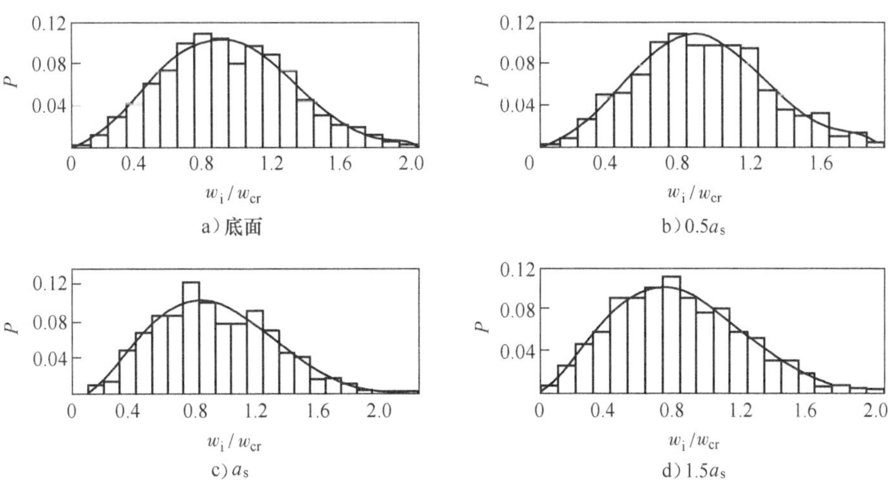

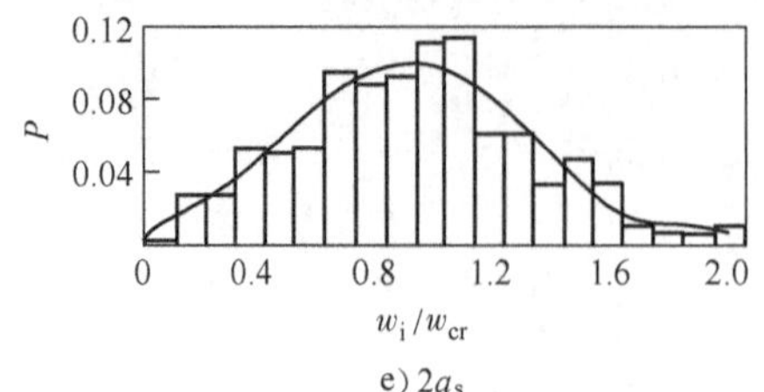

e) $2a_s$

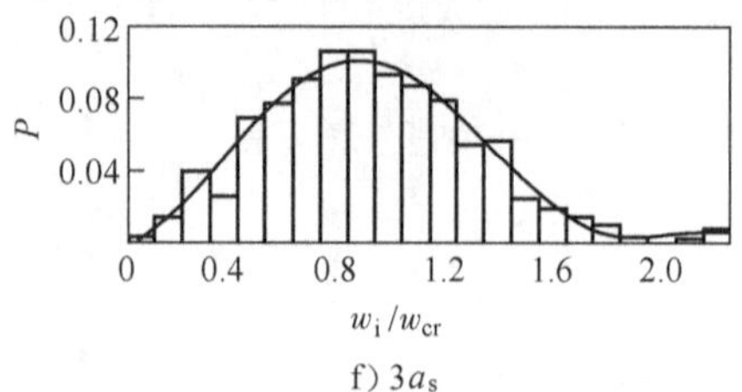

f) $3a_s$

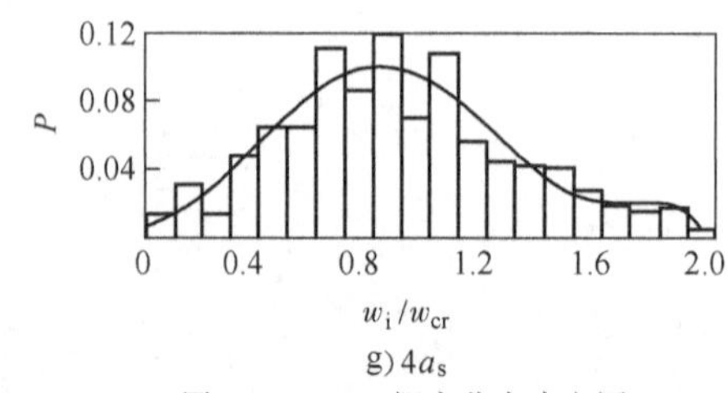

g) $4a_s$

图 2-5 w_i/w_{cr}概率分布直方图

2.2.4 保护层厚度(c)变化的 w_i 与 w_1 比值的计算方法

1) $c=60\sim70$mm

钢筋混凝土受弯构件的底表面钢筋间距 w_0与钢筋重心水平处梁侧面钢筋间距 w_1比值 β_1 的计算公式为 $\beta_1=(h-x)/(x_0-x)=1+a_s/(0.61h_0)$。

进一步可得到底面到侧表面 a_s距离内各点处的钢筋间距 w_i与 w_1比值的统一计算公式为:

$$\beta_{ci}=1+1.64k(a_s-y)/h_0 \tag{2-5}$$

式中:y——距离梁底面的垂直距离;

k——计算模式及试验数据修正系数。

$y\in[0,a_s]$ 时,$k=1.6$;$y\in[a_s,0.6h]$ 时,$k=0.83$。

2) $c=40\sim50$mm

$y\in[0,a_s]$ 时,采用式(2-5) 计算,$k=1.35$。

考虑截面高度、钢筋排列方式及曲率对钢筋延伸的影响,引入参数 h/a_s,式(2-5)调整为:

$$\beta_{ci}=1+1.64(a_s-y)/h_0(1.12+0.08h/a_s) \tag{2-6}$$

$y\in[a_s,h_{te}]$ 时,h/a_s 取定值 10。$y\in[y_{te},0.5h]$ 时,h/a_s 取实际值。

3) $c=20\sim30$mm

$y\in[0,a_s]$ 时,采用式(2-5) 计算,$k=2.5$。

$y\in[a_s,h_{te}]$ 时,采用式(2-5) 计算,在 a_s 处取 $k=1$;在 $5a_s$ 处取 $k=2.76$;其他位置 k 按计算点高度比线性插值计算。

考虑测点到钢筋距离对钢筋扩展的影响,引入参数 $(y-a_s)/h$,钢筋有效影响区外各点与钢筋水平处钢筋间距比值由式(2-5)调整为:

$$\beta_{ci}=\lambda[1+0.001h/a_s+\omega(y-a_s)/h]\times(1+1.64)(a_s-y)/h_0 \tag{2-7}$$

对于 $c=20$mm 的构件,$\lambda=2.2$,$\omega=1.5$;对于 $c=30$mm 的构件,$\lambda=2.0$,$\omega=1.1$。$y\in[h_{te},0.5h]$。

4) 实测值与计算值的比较

设正常使用各级荷载作用下,钢筋保护层厚度变化的钢筋混凝土梁底面钢筋间距的平均

值 $w_{cr,0}$ 与钢筋水平对应的混凝土侧表面钢筋间距的平均值 $w_{cr,1}$ 的比值为 β_1。实测值 β_1^t 与计算值 β_1^c 比值 β_1^t/β_1^c 的平均值为 0.99,离散系数为 0.11。

Gergely 等著名的底面钢筋间距计算公式与侧面钢筋间距计算公式的比值为:

$$\beta_1^G = \sqrt[3]{\frac{a_s}{t_s}}\left(\frac{h-x}{h_0-x}\right)\left(1+\frac{t_s}{h_0-x}\right) \tag{2-8}$$

式中:t_s——最外排钢筋重心到底面的距离。

钢筋保护层厚度变化的钢筋混凝土梁实测值 β_1^t 与式(2-8)计算值 β_1^G 比值 β_1^t/β_1^G 的平均值为 0.93,离散系数为 0.16。可见式(2-5)的精度优于式(2-8),如图 2-6 所示。

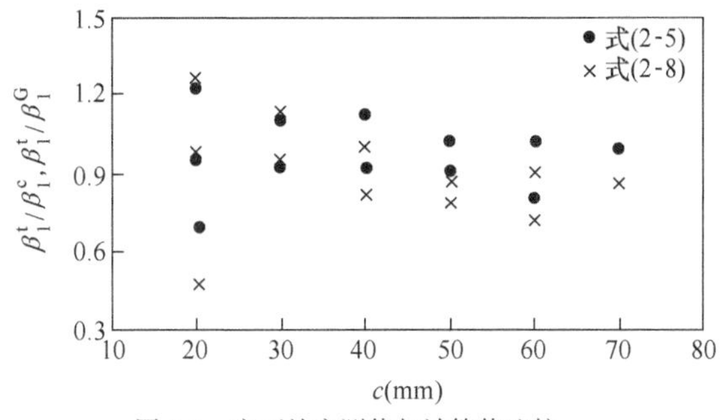

图 2-6　底面处实测值与计算值比较

2.2.5　结论

(1)通过式(2-5)~式(2-7)可以计算受拉区不同高度处与钢筋水平处钢筋间距的比值。

(2)底面至侧面 1.5a_s 范围内,平均钢筋间距随钢筋保护层厚度的增加而呈增加的趋势。

(3)c=60~70mm 时最大钢筋间距出现在梁底面;c=40~50mm 时最大钢筋间距出现在梁底面,但梁腹处钢筋也有一定间距;c=20~30mm 时最大钢筋间距出现在梁腹,需在受拉区内配置一定的构造钢筋来控制梁腹钢筋的扩展。

2.3　钢筋保护层厚度对混凝土梁力学性能的影响

钢筋混凝土梁的受剪问题由于破坏机理复杂、影响因素多而一直受到国内外学者的关注。构件的极限状态包括承载力极限状态和正常使用极限状态,从目前的研究情况看,有关斜截面受剪承载力的研究相对较充分。在大量试验研究基础上,对斜截面受剪承载力提出了各种计算理论,如:极限平衡法、软化桁架模型理论、按本构关系进行非线性有限元分析等,建立了拱、桁架、拱与桁架组合等各类破坏模型;明确了斜截面承受剪力的成分有:受压区混凝土的抗剪、箍筋的抗剪、纵向受拉钢筋的抗剪(销栓作用)、斜钢筋上集料的抗剪(咬合作用)等。我国最新颁布的混凝土规范中对常用的各类构件,均给出了斜截面受剪承载力的计算方法,形成了较为配套的构件受剪设计计算体系。

相比之下,对于正常使用极限状态的研究(即构件斜钢筋间距是否满足正常使用极限状态要求),缺乏足够的研究资料和比较清楚、统一的理论分析。只有几个国家把斜钢筋间距的计算方法列入设计规范中。在我国的混凝土规范中,并未列出斜钢筋间距的计算公式,规范中关于限制最大斜钢筋间距以满足正常使用极限状态的要求是通过抗剪强度计算来间接加以保证的。因此,虽然有关斜钢筋的试验与理论研究较早、成果较多,但总体来说,与垂直钢筋的研究相比存在较大差距,还应进一步进行深入研究。

随着计算机的发展,有限元、边界元等数值算法在材料破坏分析方面的应用越来越广,利用计算机模拟来确定失效过程成为一项有效的方法。本书应用一个材料失效分析模拟软件 $MFPA^{2D}$(Material FailureProcess Analysis),模拟了钢筋混凝土材料在四点弯曲状态下的破坏过程,跟踪钢筋混凝土构件钢筋的开裂过程及其强度的变化,重点研究了钢筋保护层厚度对钢筋混凝土梁力学性能的影响。目的在于通过研究得出钢筋与混凝土的理想组合方案,为结构的失效分析提供依据。

2.3.1 数值模拟模型

1) $MFPA^{2D}$数值方法原理概述

本书所用的 $MFPA^{2D}$系统,是一个能模拟脆性材料渐进破坏过程的数值模拟工具。它和其他已有的逐渐破坏模型(Progressive Failure/Fracture/Damage Model)一样,包括两个方面的功能:应力分析和破坏分析。$MFPA^{2D}$的应力分析采用有限元法进行。

破坏分析则是根据一定的破坏准则来检查材料中是否有单元破坏。对破坏单元则采用刚度特性退化(处理分离)和刚度重建(处理接触)的办法进行处理。为了模拟试验机加载情况,采用位移加载方式。对于每一步给定的位移增量,首先进行应力计算,然后根据破坏准则来检查模型中是否有破坏单元。如果没有,继续增加一个位移增量,进行下一步应力计算。如果有破坏单元,则根据单元的拉或剪破坏状态进行刚度退化处理。最后重新进行当前步的应力计算。重复上述过程,直到整个材料产生宏观破坏。考虑到玻璃类脆性材料的抗拉强度远小于抗压强度,因此采用了修正后的库仑准则、包含拉伸截断作为单元破坏的强度判据。

该系统立足于对材料细观层次结构的认识,假定材料的细观力学性质具有统计性,首先把材料离散成适当尺度的细观单元,其本构关系用弹性损伤本构关系来表达。在 $MFPA^{2D}$中,我们假定组成材料的细观单元满足弹性损伤本构关系,按照应变等价原理,认为应力 σ 作用在受损伤本构材料上引起的应变与有效应力作用在无损材料上引起的应变等价。根据这一原理,受损材料的本构关系可通过无损材料的名义应力得到。$MFPA^{2D}$数值模拟过程包括材料性质赋值(相当于前处理)、有限元计算及生成各种后处理结果三个主要部分。前处理和后处理部分用 Visual C++5.0 完成,有限元应力计算是用 Fortran 语言编写的。

2)计算数学模型

4 点弯曲试验在研究混凝土不同配筋下的破坏过程、构件的钢筋展开验算、剪切破坏的承载力验算、钢筋混凝土结构设计假设等方面具有非常重要的作用,因此本书采用钢筋混凝土梁的 4 点弯曲试验模拟材料破坏过程,通过改变钢筋保护层厚度来研究其对钢筋混凝土构件梁的力学性能的影响。试验试件总计 4 件,按钢筋保护层厚度的不同分为 A、B、C、D 四组,用来进行试验试样的生成方法是钢筋的数量和长度不变,钢筋保护层厚度每组各不相同,分别为 A 组 30mm、B 组 40mm、C 组 60mm、D 组 90mm。

我国规定普通钢筋混凝土梁的保护层厚度一般为 25mm,但是本试验研究的是钢筋保护层厚度的变化对钢筋混凝土梁力学性能的影响,故没有取实际规定的数值。为了使试验效果比较明显,本书超出标准取值,而且跨越比较大,这样做只是在量变的基础上更好地展示钢筋保护层厚度的变化对钢筋混凝土梁力学性能产生的影响。

2.3.2 破坏形态的比较分析

通过各组试样的弹模图、剪应力图、最大主应力图、最小主应力图以及声发射能量同线等数值试验结果可以发现，A、B、C 三组破坏模式是一样的，这里只选取 A 组和 D 组进行破坏模式比较。

A 组试样的弹模图如图 2-7 所示，从图中可以看出，由于 A 组试样的剪跨比 $\lambda \approx 2$，其值处于中间值区段，A 组试样的破坏为典型的剪压破坏，其破坏过程如下：首先在第 0009-0002 步时，试样已开始破坏，试样中产生了少数的微破裂；在第 0028-0001 步时，梁中的微观裂纹开始相互影响、贯通，逐渐形成宏观裂纹也就是我们通常所说的钢筋破坏，更为具体地说，是梁在弯剪区段首先出现一批与截面下边缘垂直的钢筋破坏。在第 0043-0008 步时钢筋逐渐沿斜向发展，并形成一条临界斜钢筋。在第 0049-0015 步时，随着荷载的增加，临界斜钢筋向上发展并延伸至剪压面的下方。在第 0051-0021 步时，临界斜钢筋向上缓慢发展，但梁中不再出现新的斜钢筋，直到剪压面处混凝土被压碎，梁的承载力急剧下降，至此 A 组试样破坏。

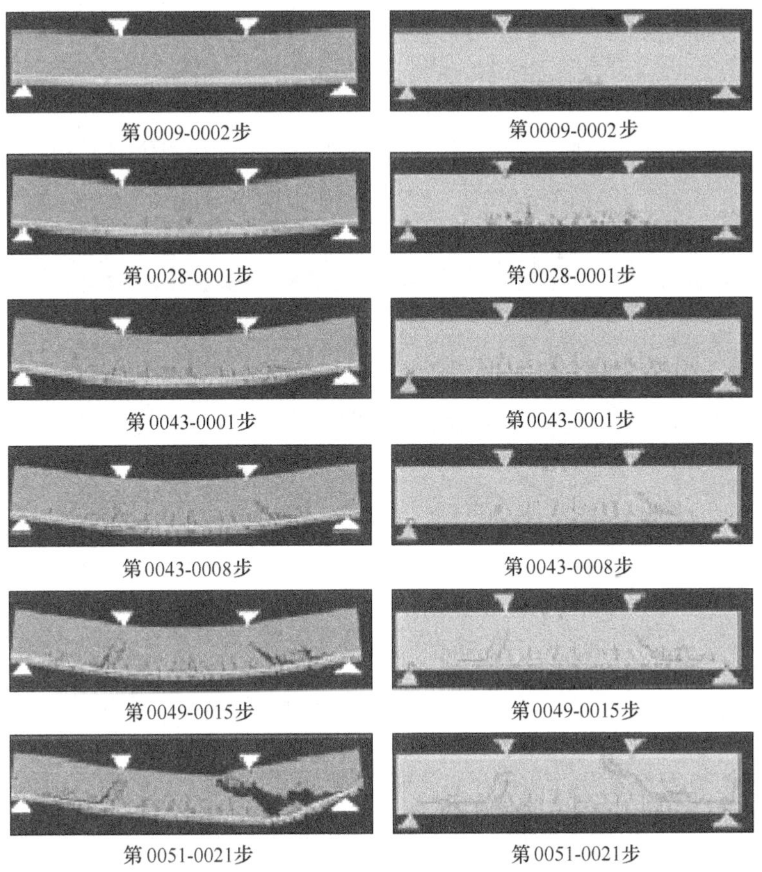

图 2-7 A 组试样的弹模图和声发射图

当材料在荷载的作用下产生微破裂时，一部分应变能将以弹性波的形式释放出来，称为材料的声发射(Acoustic Emission，简称 AE)。对于这种弹性波进行观测和分析就是材料的声发射技术。像其他材料一样，混凝土在受力后，由于发生微裂，也会产生声发射，通过 $MFPA^{2D}$ 程序可以得到试样的声发射图，给研究带来很大方便。

接下来，通过A组试样的声发射图从能量的角度来定性地分析A组试样破坏过程。对比A组试样的弹模图可以看出：在第0009-0002步时，由于梁受拉区边缘少量的微破裂，产生了微小的能量释放。在第0028-0001步时，梁在弯剪区段首先出现一批与截面下边缘垂直的钢筋，因此，在这一区段，沿着钢筋的方向有大量的能量释放。在第0043-0008步时临界斜钢筋形成，此时，由图2-7可见，沿着临界斜钢筋的能量释放明显较多。随着外荷载的增加，临界斜钢筋向上发展并延伸至剪压面的下方，因此能量释放也沿临界斜钢筋扩展至剪压面的下方。在第0049-0015步时，临界斜钢筋向上缓慢发展，但梁中不再出现新的斜钢筋，故能量沿临界斜钢筋有较小的释放，梁中其余部分的能量释放则相当微弱了。在第0051-0021步时，剪压面处混凝土被压碎而破坏，能量在压碎点猛烈地释放出来，致使A组试样破坏。

D组试样的弹模图如图2-8所示，从图中可以看出，由于D组试样的钢筋保护层厚度增加得比较明显，其破坏和A组试样有一定的区别，其破坏过程如下：在第0009-0002步时，试样已开始破坏，试样中产生了少数的微破裂，但是裂纹主要集中在钢筋的下部（钢筋保护层处）；在第0028-0001步时，梁中的微观裂纹开始相互影响、贯通，逐渐形成宏观裂纹也就是我们通常所说的钢筋，下部混凝土的开裂使钢筋暴露出来。在第0043-0001步时，下部裂纹趋于稳定，钢筋的上部出现裂纹。在第0071-0011步时，随着荷载的增加，临界斜钢筋向上发展并延伸至剪压面的下方。在第0079-0014步时，临界斜钢筋向上缓慢发展，但梁中不再出现新的斜钢筋，直到剪压面处混凝土被压碎，梁的承载力急剧下降，至此D组试样破坏。

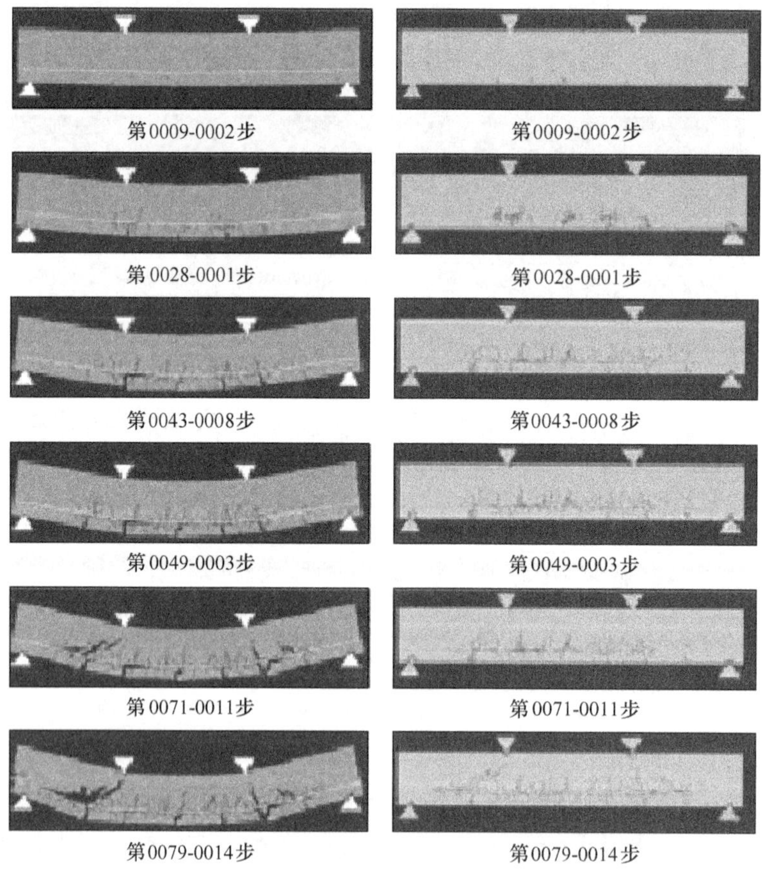

图2-8　D组试样的弹模图和声发射图

接下来通过 D 组试样的声发射图，从能量的角度来定性分析 D 组试样破坏过程。对比 D 组试样的弹模图可以看出：在第 0009-0002 步时，梁受拉区边缘由于少量的微破裂，产生了微小的能量释放，同样是在钢筋的保护层中。在第 0028-0001 步时，梁在受拉段首先出现一批与钢筋垂直的裂纹。在第 0071-0011 步时临界斜裂纹形成，随着外荷载的增加，临界斜裂纹向上发展并延伸至剪压面的下方，因此能量释放也沿临界斜钢筋扩展至剪压面的下方，但梁中不再出现新的斜钢筋，故能量沿临界斜钢筋有一定的释放，梁中其余部分的能量释放则相当微弱了。在第 0079-0014 步时，剪压面处混凝土被压碎而破坏，能量在压碎点释放出来，致使 D 组试样破坏。

如图 2-9 所示，D 组梁钢筋所受的剪力比 A 组梁要小，说明 D 组梁保护层的作用比 A 组梁保护层的作用明显。但是 D 组梁钢筋的保护层出现了劈裂的现象，在破坏的时候，钢筋保护层失去了作用。

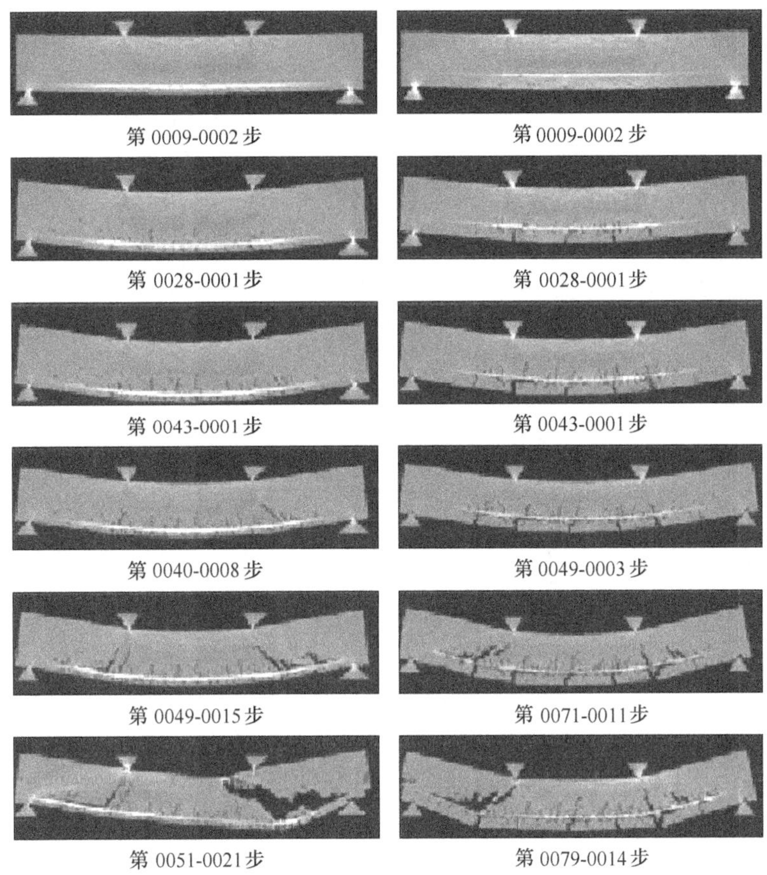

图 2-9　A 组和 D 组试样的剪应力分布图

2.3.3　数值模拟结果与讨论

运用 MFPA^{2D}程序，通过数值试验，除了可以得到试样的弹模、剪应力、最大压应力、最大拉应力、声发射及位移矢量分布图等数值试验结果，直观地分析试样的破坏模式之外，还可以通过 Excel 处理试验所得到的数据，从而绘制出试样的荷载-位移曲线。

如图 2-10 所示，从图中曲线可以得知，随着钢筋保护层厚度的增加，构件的承载力增长得越来越快,但是当钢筋保护层厚度增加到一定程度的时候(如图中 90mm 厚),构件的承载能力迅速下降。这是因为随着钢筋保护层厚度的增加,构件梁的截面有效高度减小,从而导致梁的承载能力下降,需要设置更多的钢筋,造成不必要的浪费。从黏结锚固和构件耐久性角度而言,构件需要有较大的钢筋保护层。但是一味地增加钢筋保护层厚度会使梁的截面有效高度减小,从而使构件的承载能力下降。所以要选择适当的钢筋保护层厚度,使构件能最好地发挥它的性能。通过本书研究发现,一般情况下钢筋保护层厚度在 90mm 以内都是比较合理的,但是在此前提下仍需要根据有关标准来确定钢筋保护层的厚度。

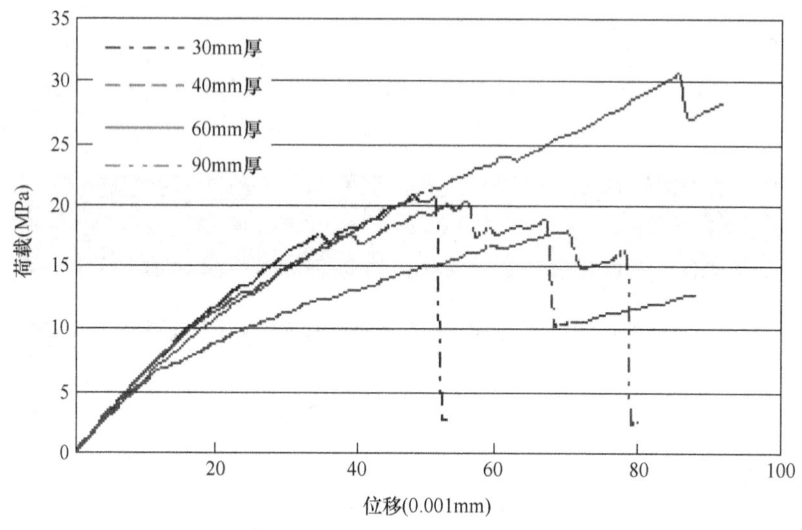

图 2-10　各组试样的荷载-位移曲线

2.3.4　结论

(1)运用 MFPA^{2D}数值试验方法完成了钢筋保护层厚度对钢筋混凝土梁力学性能的影响研究,直接观察和演示了不同钢筋保护层厚度下钢筋混凝土梁的破坏全过程及裂纹的起裂、失稳扩展全过程。

(2)通过数值模拟,得到了不同钢筋保护层厚度下钢筋混凝土梁试样的弹模比较图、剪应力分布比较图、声发射比较图及荷载-位移曲线。

(3)研究表明,从黏结锚固和耐久性角度而言,构件需要有较厚的钢筋保护层,这样可以更好地保护钢筋。但是从截面承载力角度而言,过厚的钢筋保护层会造成截面的有效高度减小,构件承载能力下降,需要设置更多的钢筋,造成不必要的浪费。

(4)从试验获得的数据我们就可以看到,设置 90mm 厚钢筋保护层构件的承载能力明显低于其他构件的承载能力。数值模拟结果表明,一般情况下钢筋保护层厚度设置在 90mm 以内都是比较合理的,但在此前提下仍需要根据相关标准及规范来确定。

2.4　钢筋保护层厚度对混凝土与钢筋黏结力的影响

近年来,混凝土结构耐久性问题成为工程领域广泛关注的问题之一。而钢筋锈蚀是混凝土结构耐久性破坏的最重要原因。钢筋锈蚀会引起一系列问题,如削弱钢筋有效截面积、改变钢筋表面、促使混凝土保护层胀裂等,这些问题都会导致钢筋与混凝土的黏结性能受到影响。而钢筋与混凝土的黏结作用是钢筋混凝土构件能够正常工作的前提,因此,钢筋锈蚀程度与混凝土黏结性能是评定钢筋混凝土结构构件使用性和耐久性的一项重要指标和依据。但由于黏结力与相对滑移的试验测量的复杂性和不确定性,国内外以往对黏结滑移性能的研究大多集中在未锈蚀钢筋与混凝土的黏结性能研究上,且多是采用拉拔试验得出,但是简单的拉拔黏结试件既不能得到黏结应力沿锚固长度的分布,也不能反映梁中钢筋锚固区存在剪力和弯矩共同作用的影响,相对而言,梁式黏结试验能够更接近构件的实际受力,可通过分析锈蚀钢筋端钢筋与混凝土滑移关系曲线分析钢筋的轻微锈蚀、钢筋保护层厚度和钢筋的位置对钢筋与混凝土黏结性能的影响。

2.4.1 试验研究

1)试件设计

研究钢筋位置、钢筋保护层厚度、轻微锈蚀对锈蚀钢筋混凝土黏结滑移性能的影响,共制作 8 根梁式黏结试件,试件编号分为 M 和 S 两种,其中 M 是表示仅有 1 根钢筋放置在底边中部的试件,S 表示仅有 2 根钢筋梁底角部的试件,具体情况见表 2-4。

试件明细表　　表 2-4

试件编号	锈蚀程度	钢筋保护层厚度(mm)	钢筋位置	截面详图
M1	未锈蚀	30	边中	(a)
M2	未锈蚀	50	边中	(a)
S1	未锈蚀	30	角部	(a)
S2	未锈蚀	50	角部	(a)
M3	微锈蚀	30	边中	(b)
M4	微锈蚀	50	边中	(b)
S3	微锈蚀	30	角部	(b)
S4	微锈蚀	50	角部	(b)

试件的几何尺寸和加载方法如图 2-11 所示,试验梁由两个混凝土块体组成,在底部由通长的钢筋连接,梁的上部由预制的钢铰连接两块体。每个半梁跨中 $10d$ 的长度是底部测试钢筋与混凝土黏结段,而两端各 200mm 长度为无黏结段,无黏结段中采用 PVC 套管套在钢筋外,以此达到消除黏结,并且消除支座围压对钢筋滑移的影响。采用 RILEM-FIP-CEB 建议的梁式黏结试验方法,考察钢筋位置,钢筋保护层厚度和钢筋锈蚀程度对构件的黏结性能的影响。其中,为了获得黏结应力沿锚固长度的分布情况,首先在钢筋表面开槽、内贴应变片来测量锚固长度内各点钢筋应力,再由试验测得钢筋应力,通过微段平衡得出锚固区内各测点的黏结应力,最后对各测点的黏结应力拟合得到黏结应力沿整个锚固长度的分布曲线。另外,由测得的自由端相对滑移,画出荷载-自由端滑移关系曲线。结合黏结应力分布曲线和荷载-自由中配置 $\phi10$@ 50mm 的箍筋和架立筋来分析试件在加载过程中出现的剪切破坏。其中,图 2-11a)为测试钢筋放置在梁底中部的截面示意图,图 2-11b)是测试钢筋放置在梁底角部的截面示意图。

2)材料性能

混凝土采用 C30 商品混凝土。28d 轴心抗压强度实测值为 36MPa,100d 轴心抗压强度约为 53MPa。钢筋采用直径为 20mm 的月牙纹钢筋 HRB400，屈服强度、极限强度和弹性模量的实测值平均值分别为 470MPa、600MPa 和 199GPa。

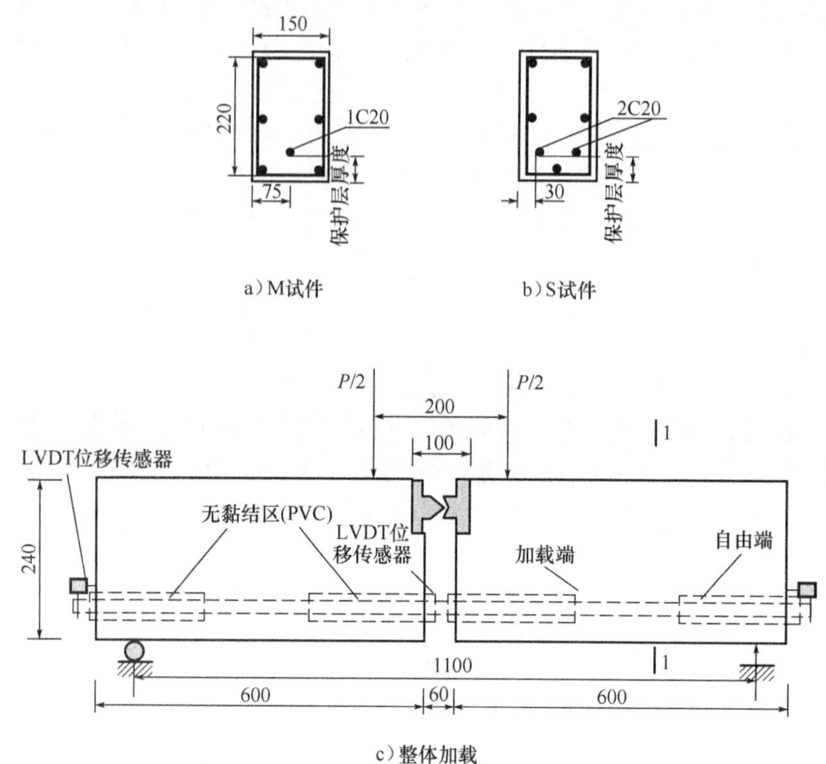

图 2-11　梁式黏结试件尺寸及加载点和支座位置（尺寸单位：mm）

3）加速锈蚀装置

梁式试件置于室温下养护 28d 后，放置在如图 2-12 所示的 5%的盐溶液中，液面位于测试纵筋下表面 20mm 以下。

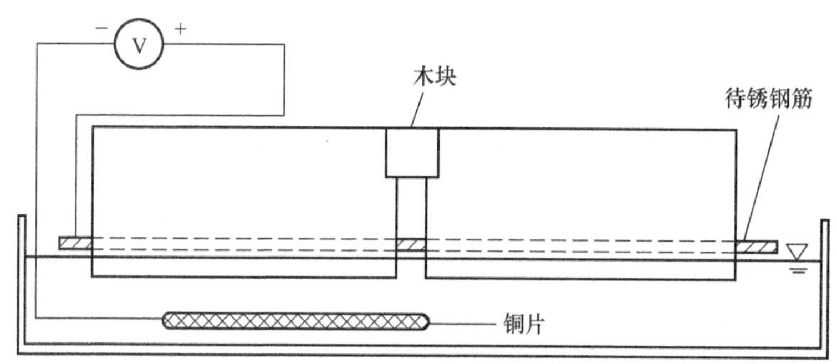

图 2-12　试件锈蚀装置图

用直流电源对试件进行加速锈蚀，测试钢筋接在电源的阳极，铜片放置在溶液中连接电源的阴极。以 0.25mA/cm 的电流密度对试件进行加速锈蚀。通过法拉第定律计算出特定锈蚀量所需的持续锈蚀时间，计算公式如下：

$$t = \frac{N \cdot F \cdot \rho_s \cdot \eta_s \cdot A_s}{M \cdot i \cdot C_s} \tag{2-9}$$

式中：t——持续锈蚀时间；

N——其反应后阳极的化合价(此处应该是铁的化合价 2)；

F——法拉第常数($F=96485\text{C}$)；

A_s——锈蚀钢筋的横截面积；

C_s——锈蚀钢筋的周长；

ρ_s——阳极金属的密度(此处是铁的密度，$\rho_s=7.81\text{g/cm}^3$)；

η_s——锈蚀钢筋的质量损失率(即锈蚀率)；

M——铁的原子量($M=56\text{g}$)；

i——锈蚀的电流密度(A/cm^2)。

钢筋实际质量损失率见表 2-5。锈蚀后钢筋的外表面更加粗糙，钢筋直径基本不变，但钢筋肋的高度相对未锈蚀钢筋变小。

钢筋的实际质量损失率 表 2-5

轻微锈蚀试件	锈蚀前质量(g)	锈蚀后质量(g)	预定锈蚀率(%)	实际锈蚀率(%)
M3	3151.30	3092.37	1.5	1.87
M4	3161.93	3123.35	1.5	1.22
S3	3170.86	3105.54	1.5	2.06
S4	3156.88	3099.11	1.5	1.83

4)四点弯曲黏结性能试验

用 500t 电液伺服压力机通过分配梁对梁式黏结试件进行四点弯曲加载。在 M 组试件和 S 组试件分别以 0.1kN/s 和 0.2kN/s 的速率施力控制加载速率至加载端滑移达到 0.2mm，然后改用加载速率 0.1mm/s 的位移控制模式进行加载，至试件破坏或自由端的滑移量达到 2mm。整个过程中，每 5kN 持载 2min 使滑移充分发展。加载示意图及试验装置图如图 2-13 所示，采用 LVDT 位移传感器测量每个半梁的加载端和自由端钢筋与混凝土的相对滑移。通过 IMC 自动采集整个加载过程中钢筋应变、荷载传感器所受荷载、梁的跨中挠度以及加载端和滑移端钢筋与混凝土的相对滑移。

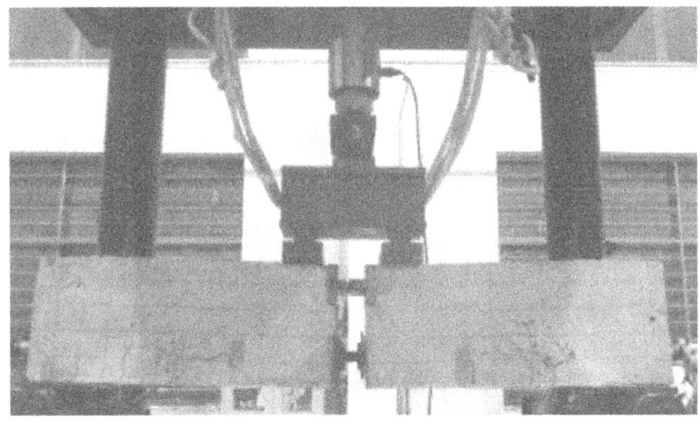

图 2-13 试验加载装置图

2.4.2 试验结果分析

1)破坏特征

试验表明钢筋位于底边中部和角部时梁的钢筋开展情况不相同(图 2-14)。钢筋放置在底边角部的S组试件梁侧面上的钢筋扩展比钢筋位于底边中部的M组试件快。加载过程中试件的底面靠近加载端处首先出现沿着测试钢筋的劈裂钢筋，随着荷载的增大，顺筋劈裂的钢筋开始向自由端方向发展。几乎同时，在梁底和梁侧面出现一些弯曲钢筋，弯曲钢筋沿着梁的侧面斜向发展。最后随着主要斜钢筋出现，钢筋中存在很大的"销栓力"。"销栓力"的出现使由内钢筋发展而来的针脚状钢筋的发展加速。最终在"销栓力"和拉力的共同作用下，钢筋保护层劈裂，底面或侧面保护层大面积崩裂破坏。总的来说，在未锈蚀试件中钢筋位于底边角部时梁侧面钢筋发展速度比钢筋在边中时快，而在轻微锈蚀试件中这个现象较不明显。在钢筋保护层厚度为50mm的试件中梁侧面钢筋发展比钢筋保护层厚度为30mm的试件快。

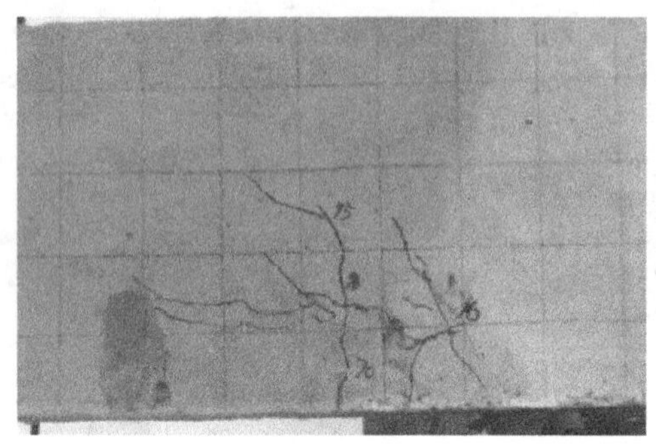

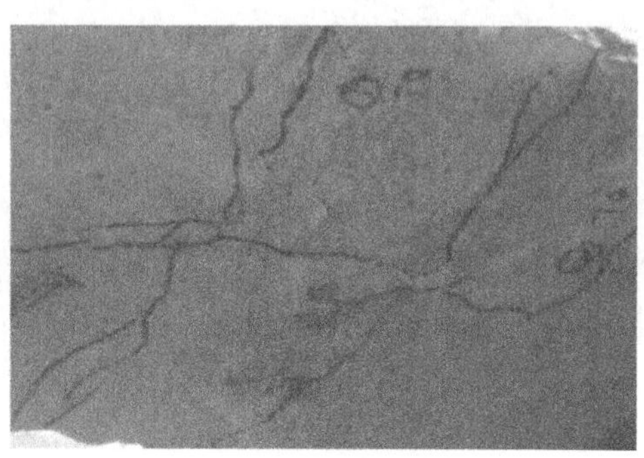

图2-14　试件黏结区域钢筋开展情况

2）黏结应力沿锚固长度变化曲线

（1）黏结应力计算原理。

在计算时采用本方法计算黏结应力，不是计算每个区间的平均黏结应力，而是直接计算各个测点位置处的黏结应力值。假设在锚固区域中钢筋的应变分布是足够光滑的，把锚固区分成 n 个小区间，且每个区间的长度均为 h，则由泰勒公式对测点 x_i 的应变进行展开，有：

$$\varepsilon(x_i + h) + \varepsilon(x_i) + h\varepsilon'(x_i) + \frac{h^2}{2!}\varepsilon''(x_i) + \frac{h^3}{3!}\varepsilon'''(x_i) + o(h^4) \tag{2-10}$$

$$\varepsilon(x_i - h) = \varepsilon(x_i) - h\varepsilon'(x_i) + \frac{h^2}{2!}\varepsilon''(x_i) - \frac{h^3}{3!}e'''(x_i) + o(h^4) \tag{2-11}$$

将式（2-10）减去式（2-11），整理得：

$$\varepsilon'(x_i) = \frac{\varepsilon(x_i + h) - \varepsilon(x_i - h)}{2h} - \frac{h^2}{6}\varepsilon'''(x_i) + o(h^3) \tag{2-12}$$

将式（2-10）加上式（2-11），整理得：

$$\varepsilon''(x_i) = \frac{\varepsilon(x_i + h) - \varepsilon(x_i - h) - 2\varepsilon(x_i)}{h^2} + o(h^2) \tag{2-13}$$

将式（2-13）求导，再代入式（2-12）右侧，可得：

$$\varepsilon'(x_i) = \frac{\varepsilon(x_i + h) - \varepsilon(x_i - h)}{2h} - \frac{1}{6}(\varepsilon'_{i+1} + \varepsilon'_{i-1} - 2\varepsilon'_i) + o(h^3) \tag{2-14}$$

令 $\delta\varepsilon_i = \varepsilon_{i+1} - \varepsilon_{i-1}$，忽略误差，整理得：

$$\varepsilon'_{i-1} + 4\varepsilon'_i + \varepsilon'_{i+1} = \frac{3}{h}(\varepsilon_{i+1} - \varepsilon_{i-1}) = \frac{3}{h}\delta\varepsilon_i \tag{2-15}$$

由微段平衡得到：

$$\varepsilon_i' = \tau_i \frac{C_s}{E_s A_s} \tag{2-16}$$

将式(2-16)代入式(2-15)，整理得：

$$\tau_{i-1} + 4\tau_1 + \tau_{i+1} = \frac{3E_s A_s}{hC_s}\delta\varepsilon_i \tag{2-17}$$

结合边界条件 $\tau_0 = \tau_n$，得出方程组(2-18)：

$$\begin{bmatrix} 4 & 1 & & & & & \\ 1 & 4 & 1 & & & & \\ & 1 & 4 & 1 & & & \\ & & & \cdots & & & \\ & & & & 1 & 4 & 1 \\ & & & & & 1 & 4 \end{bmatrix} \begin{Bmatrix} \tau_1 \\ \tau_2 \\ \vdots \\ \tau_s \\ \vdots \\ \tau_{n-2} \\ \tau_{n-1} \end{Bmatrix} = \frac{3E_s A_s}{hC_s} \begin{Bmatrix} \delta\varepsilon_1 \\ \delta\varepsilon_2 \\ \vdots \\ \delta\varepsilon_i \\ \vdots \\ \delta\varepsilon_{n-2} \\ \delta\varepsilon_{n-1} \end{Bmatrix} \tag{2-18}$$

式中：ε_i——测点 x_i 处钢筋的应变，$\varepsilon_i = \varepsilon(x_i)$；

τ_i——测点 x_i 处钢筋与混凝土的黏结应力；

E_s——钢筋的弹性模量；

A_s——黏结段钢筋的截面面积；

C_s——黏结段钢筋的周长。

式(2-18)是一个三对角阵方程，采用追赶法求解。对于任意多个测点布置，方程组总是严格对角占优，所以其数值解总是存在。通过式(2-18)由各测点钢筋的应变求出各级荷载作用下各测点的黏结应力，对各测点应力进行曲线拟合。将黏结应力沿锚固长度进行积分，积分值乘以钢筋周长所得到的荷载值应等于钢筋所受荷载值。如有不等，按差值反号平均分配原则进行调整，用光滑曲线画出其大致趋势，使黏结应力分布曲线与横坐标轴所围的面积乘以钢筋周长等于荷载值，即得到黏结应力沿锚固位置的变化曲线，如图 2-15 所示。

分析图 2-15 中的黏结应力沿锚固长度的分布，黏结应力沿锚固长度出现波动，黏结区域径向的内钢筋扩展到表面已形成表面钢筋，钢筋处黏结应力下降到接近于 0。随着荷载增大，试件中存在的“销栓力”越来越大，所以会出现黏结应力为负值的现象。

(2)钢筋保护层厚度对黏结应力分布的影响。

对图 2-15 中同等条件下钢筋保护层厚度不同试件的黏结应力分布进行分析，即对比 M1 和 M2、M3 和 M4、S1 和 S2、S3 和 S4 的黏结应力分布，可知保护层厚度为 50mm 试件的极限黏结强度(即达到极限荷载钢筋所受的拉力)比钢筋保护层厚度为 30mm 的试件大，这说明底面保护层厚度的增加加强了钢筋与混凝土之间的黏结性能。但是钢筋放置在底边中部的试件中，M2 的极限黏结强度比 M1 提高了约 9%、M4 比 M3 提高了 6%左右；而钢筋位于底边角部的试件中 S2 的极限黏结强度比 S1 提高了 13%左右、S4 比 S3 提高 13.3%左右，说明在钢筋位于底边角部时梁底面保护层厚度的增加对黏结性能的提高相对于 M 组试件更加显著。因为相对于 M 组试件，底面保护层厚度增加对 S 组试件中混凝土对钢筋握裹作用的增强更明显。保护层厚度为 50mm 的试件中黏结应力的分布比同等条件下保护层厚度为 30mm 的试件更加均匀，这是由于钢筋保护层厚度越小，混凝土开裂越快。

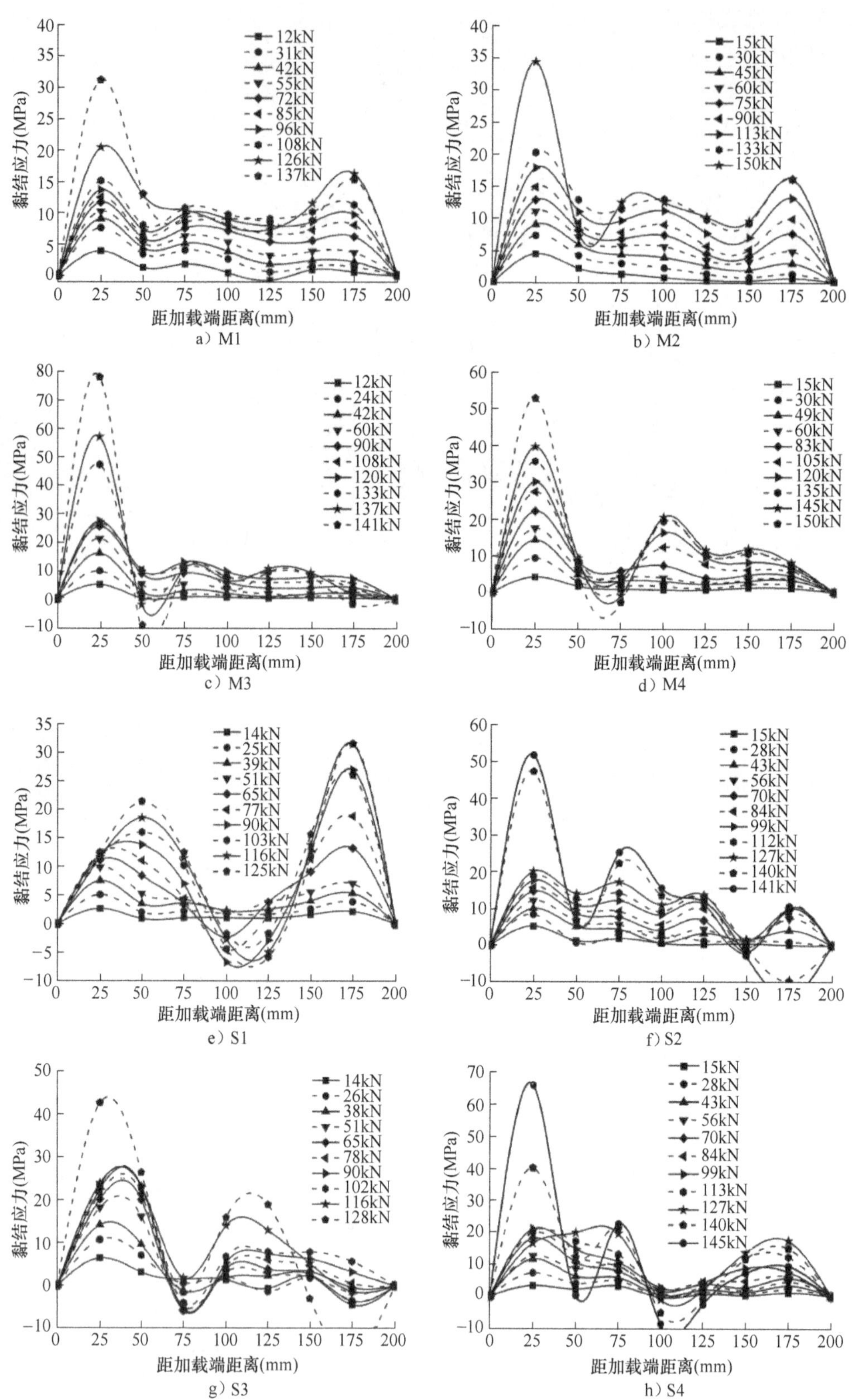

图 2-15　黏结应力沿锚固长度分布曲线

(3)钢筋位置对黏结应力分布的影响。

对比图 2-15 中同等条件下的 M 组试件和 S 组试件,S1 的极限黏结强度比 M1 降低约 9%、S2 比 M2 降低 6%、S3 比 M3 降低 9%、S4 比 M4 降低约 3.3%,说明钢筋位于底边角部时黏结性能比钢筋位于底边中部时差。所以在分析黏结性能的影响因素时,钢筋位置的影响需要考虑,以往的黏结性能试验研究大部分是将钢筋放置在底边中部来得到钢筋与混凝土黏结滑移的本构关系,这是不完善的钢筋。保护层厚度为 50mm 的试件黏结强度的减弱比钢筋保护层厚度 30mm 的试件小,说明底面保护层厚度越小,钢筋位置对黏结性能的影响越大。

(4)钢筋的轻微锈蚀对黏结应力分布的影响。

同等条件下轻微锈蚀后试件的平均黏结应力比未锈蚀试件的高,其中 M3 的极限黏结强度比 M1 提高 3%、M4 与 M2 相差不多、S3 比 S1 提高约 2.4% 、S4 比 S2 提高 3%。锈蚀后虽然极限黏结强度提高但是黏结应力的分布更不均匀,在同一荷载等级下,轻微锈蚀试件加载端的黏结应力约是未锈蚀试件加载端黏结应力的两倍,离加载端越远,轻微锈蚀试件的黏结应力比未锈蚀试件减小得越快。这说明钢筋的轻微锈蚀使试件的钢筋扩展速度加快。

3)自由端和加载端的荷载滑移曲线

钢筋与混凝土之间的相对滑移由 LVDT 位移传感器测得,钢筋所受拉力与自由端相对滑移曲线如图 2-16 所示,S 组试件的自由端滑移量比 M 组试件大。在荷载为 50kN 时,S 组试件的自由端滑移量开始出现较大的增长,而 M 组试件在荷载 100kN 时才开始出现这种现象。说明 S 组试件比 M 组试件出现滑移的时间早,这是因为钢筋位于底边角部的 S 组试件混凝土对钢筋的握裹作用较小。对比图中的 M3 和 M1、M4 和 M2、S3 和 S1、S4 和 S2,发现轻微锈蚀试件的荷载滑移曲线比未锈蚀的试件陡峭,并且相同荷载下未锈蚀试件的滑移量更大,这说明钢筋的轻微锈蚀提高了试件的黏结刚度。在 S 组试件中,在前期荷载较小时,锈蚀试件发生滑移时的荷载更大,后期荷载滑移曲线的斜率相差不多,说明钢筋的轻微锈蚀增强了黏结作用中的摩擦黏结,对机械咬合的作用增强不明显。对比相同条件下保护层厚度不同试件的荷载-滑移曲线,M2 试件曲线的斜率比 M1 试件的大,M4 试件曲线的斜率也比 M3 试件大很多,说明底面保护层厚度的增加大大增强了混凝土对钢筋的握裹力,从而使机械咬合作用大大增强。S2 曲线的斜率略大于 S1 曲线,但 S1 较早发生滑移,S4 曲线的斜率在滑移后期基本与 S3 曲线相等,但 S3 发生滑移比 S4 早得多,由此可见,底面保护层增加对 S 组试件黏结刚度增强的作用不明显。

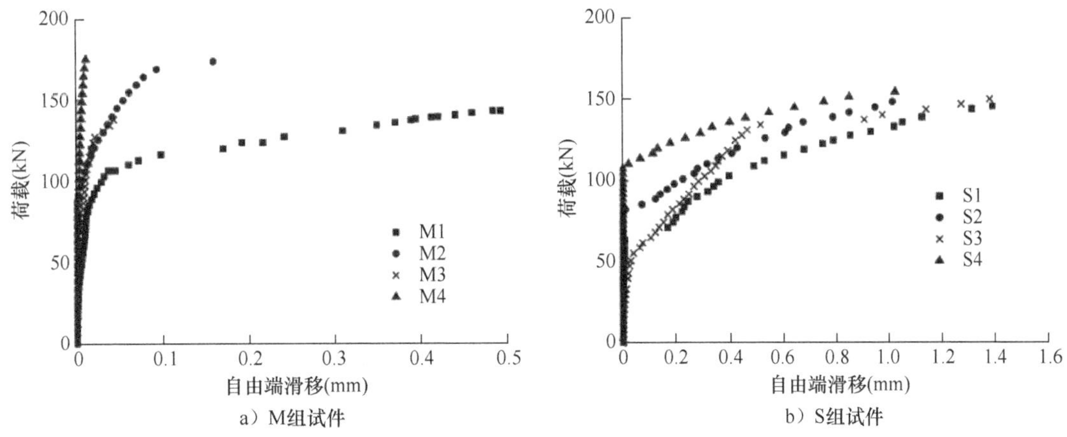

图 2-16　荷载-自由端滑移曲线

2.4.3 结论

本研究分别将钢筋保护层厚度、钢筋在梁底的位置以及钢筋的轻微锈蚀作为影响因素，分析了这三个因素对钢筋与混凝土之间黏结应力分布、黏结强度、黏结刚度以及黏结破坏形态的影响，得出以下结论：

(1)钢筋的轻微锈蚀对梁式黏结试件的破坏模式没有明显的影响，但增大了钢筋与混凝土的极限黏结强度和黏结刚度。可是轻微锈蚀后黏结应力分布较不均匀，且试件中钢筋扩展较快，破坏时劈裂钢筋位置更靠近加载端，降低了锚固长度的利用率。

(2)钢筋位置对于黏结滑移性能有很大的影响。钢筋位于底边角部的试件自由端滑移发生得比钢筋位于边中的试件早，并且机械咬合作用明显小于钢筋位于底面中部的试件，所以对黏结滑移性能的研究必须考虑钢筋位置的影响。

(3)底面保护层厚度对黏结性能是有影响的。

底面保护层厚度为 50mm 的试件极限黏结强度较高，并且对锚固长度的利用率也较高，但是在钢筋位于底边角部的试件中底面保护层厚度的增加对黏结性能的增强有限，所以起主要作用的是厚度较小的钢筋保护层。

第3章 钢筋保护层厚度不均匀的原因

近年来,随着桥梁建筑工程的迅速发展,钢筋混凝土结构得到广泛应用,无论是千米级特大型桥梁建造,还是一般小桥涵洞,都需要钢筋与混凝土两种材料共同来完成。钢筋混凝土结构构件的钢筋保护层厚度偏差直接影响钢筋混凝土构件的力学性能及耐久性,关系到建筑物的使用安全及使用寿命,国内外出现的许多重大的桥梁垮塌事件或多或少都与钢筋保护层厚度质量失控分不开,因此新的质量验收要求把钢筋保护层厚度质量验收作为上下部混凝土结构物质量验收的必查指标。然而,从全国统计出的钢筋保护层厚度合格率的数据来看,合格率普遍偏低,呈现出施工难、监管难、验收难的现状,钢筋保护层质量控制成了工程达优的一大障碍,因此如何有效控制桥梁结构钢筋保护层厚度成为目前桥梁工程的重点。

3.1 钢筋混凝土保护层厚度

钢筋保护层指的是钢筋外面那层小部分混凝土垫层,起到保护钢筋、避免钢筋直接裸露的作用。根据《混凝土结构设计规范》(GB 50010—2010),钢筋保护层厚度不再是纵向钢筋(非箍筋)外缘至混凝土表面的最小距离,而是“以最外层钢筋(包括箍筋、构造筋、分布筋等)的外缘计算混凝土的保护层厚度”。《公路工程质量检验评定标准 第一册 土建工程》(JTG F80/1—2017)及《公路工程竣(交)工验收办法实施细则》(交公路发〔2010〕65号)明确规定了结构物钢筋保护层厚度验收指标,而新的《公路桥涵施工技术规范》(JTG/T 3650—2020)及《公路工程混凝土结构防腐蚀技术规范》(JTG/T B07-01—2006)对钢筋保护层厚度对不同环境作用下混凝土结构耐久性提出了更为严格的要求。

钢筋保护层厚度对混凝土性能影响如下。

3.1.1 力学指标性能

从原材料的力学性能而言,钢筋具有较强的抗拉强度,混凝土则具有较高的抗压强度,而其抗拉强度却很低。因此,一般在考虑钢筋混凝土的受力条件时,着重考虑的是混凝土的受压应力和钢筋的受拉应力。而钢筋混凝土结构构件中钢筋的实际受拉应力是否能与设计计算应力相吻合,主要取决于钢筋在结构中的位置是否正确。一般来讲,无论是梁还是板,受拉钢筋总是应尽量靠近受拉一侧混凝土构件的边缘。如挑梁的受力筋应设在构件上部受拉区,如果钢筋保护层厚度过大,轻则由于钢筋不能有效发挥其应有的抗拉作用,而使混凝土受拉应力超标产生裂缝,重则由于悬挑结构上部钢筋所受拉力的力矩高度变小,而使钢筋受拉应力超标发生结构断裂。此类事故在建设史上并不少见。再比如,大面积的现浇梁板,下排钢筋如果垫得过高,保护层厚度过大,在外加荷载作用下,混凝土下部受拉应力超标,也会产生板底裂缝。

3.1.2 黏结性能

钢筋与混凝土具有一定的黏结强度,钢筋在混凝土中的保护层必须具有一定的厚度,才能保证混凝土与钢筋之间具有握裹力。如果钢筋保护层厚度过小,钢筋过分靠近结构构件的边缘,容易造成钢筋露筋或钢筋受力时表面混凝土剥落,直接导致握裹力减小。另外,钢筋保护层厚度过小,表层混凝土将随着时间的推移而逐渐碳化,边缘钢筋失去保护作用而导致钢筋锈蚀,钢筋与混凝土之间也会失去黏结力,从而使构件的承载力降低,严重时还会导致整个结构体系的破坏。

3.1.3 耐久性

钢筋保护层还具有确保钢筋混凝土结构耐久性的作用。混凝土不密实、有钢筋、钢筋保护层厚度偏小,再加上混凝土碳化以及钢筋的电化学反应等因素,会加速结构物被侵蚀,进而加快钢筋锈蚀,导致结构物使用寿命缩短。因此,对于一些特殊环境下的建筑结构,设计上对混凝土结构的钢筋保护层厚度还需做一些专门的规定,以确保建筑结构的耐久性。

3.2 钢筋保护层厚度常见质量通病

钢筋保护层厚度质量通病是影响公路水运工程质量的重要因素,已成为制约结构工程质量的一个突出问题。当前钢筋保护层厚度质量通病主要表现为钢筋超限、钢筋混凝土保护层厚度合格率偏低、混凝土结合面处理不当、预应力孔道压浆不密实等。据有关资料统计,钢筋混凝土结构物开裂的主要原因是钢筋保护层厚度不合格。从结构物受力、耐久性的角度考虑,加强桥涵等结构物钢筋保护层厚度的控制非常必要。目前,施工、监理等技术人员对钢筋保护层厚度的施工质量控制还不够重视,钢筋保护层厚度偏差超标现象普遍,合格率一直处于较低的水平,混凝土露筋现象时有发生,这将直接影响到混凝土结构工程的耐久性和安全性。

工程施工中钢筋保护层厚度质量通病为钢筋保护层厚度过大、过小或密实性不够,这几种情况都会导致钢筋混凝土结构强度降低。

3.2.1 钢筋保护层厚度过大

由于钢筋与混凝土之间的黏结力,在结构计算时,钢筋混凝土构件是作为一个整体来承受外力的;又由于混凝土的抗拉强度很低,为简化计算,一般混凝土只考虑承受压应力,而拉应力则由钢筋来承担。对于受力构件强度设计,钢筋保护层越厚,则钢筋混凝土构件受压区的有效高度就越小,导致钢筋混凝土构件达不到设计强度;而且钢筋保护层厚度过大,结构下部离受力筋远的混凝土由于黏结锚固作用的降低,抗拉强度下降,容易开裂,从而造成钢筋锈蚀,其结构强度就会降低,结构存在安全隐患。

3.2.2 钢筋保护层厚度过小

钢筋保护层厚度过小,是施工中常见的一种质量通病。它对结构的影响主要表现在以下几个方面:

1)影响了混凝土与受力纵筋共同作用,产生黏结力,进而降低承载力

从理论上讲,钢筋保护层厚度过小,增大了有效高度值,片面地说是有利于结构承载力,实际上则削弱了承载能力。因为承载能力是依靠混凝土与钢筋共同作用来保证的,这与钢筋和混凝土之间的黏结力有关,而黏结力主要由钢筋和混凝土的接触面经化学作用而产生的胶着力、混凝土硬化收缩时对钢筋产生的摩擦力和握裹力以及钢筋表面粗糙不平,在接触面引起的

咬合力组成。从黏结力的组成可以看出,保护层厚度过小可能使钢筋外围混凝土因产生径向劈裂而使黏结力降低,从而削弱承载力。

2)容易使钢筋发生锈蚀,影响结构工程的有效使用寿命

包裹在钢筋外面的混凝土由于其所具有的碱性性质而起着保护钢筋不生锈的作用。试验观测发现,当空气中的碳酸根浸入混凝土内部时,混凝土将从表面开始向内逐步失去碱性,这种现象称为混凝土的"碳化"。一旦碳化深度达到钢筋表面,钢筋保护层就不再对钢筋起保护作用,所以钢筋保护层厚度影响到混凝土的碳化时间和结构的耐久性。

3.2.3 混凝土密实性不够

混凝土是由水泥、普通碎(卵)石、砂和水经合理混合后硬化而成的人造石材。它的强度不仅取决于组成它的原材料质量,还与其结构密实度有关。结构松散的混凝土无法与钢筋结合紧密形成必要的黏结锚固力,且容易产生蜂窝麻面,引起混凝土开裂、剥落,进而导致结构钢筋锈蚀,最终使结构破坏。由于钢筋保护层的上部是密集的钢筋网,要想达到密实就更不容易。因此,如果能保证钢筋保护层具有足够的厚度和密实性,就保证了混凝土的碳化深度在相当长的时间内不会到达钢筋表面,而且能保证与钢筋垂直的钢筋间距不致过大,这样,钢筋保护层就可以长期保护钢筋免遭锈蚀。

3.3 钢筋保护层厚度质量通病的原因分析

根据现场多年的经验,造成钢筋保护层厚度质量通病的原因包括人为因素、工程材料、机械设备、施工方法、环境条件等诸多因素。现将较为常见的归纳如下。

3.3.1 施工技术交底不明确,人员素质不高

施工现场工作人员对图纸理解错误,把钢筋位置布设错误或把钢筋保护层厚度设置错误。此外,钢筋制作时,由于对图纸和施工验收规范掌握不够熟悉,对纵向受力钢筋保护层的概念较为模糊,导致箍筋尺寸计算错误。

3.3.2 施工操作不规范

钢筋工安装时,钢筋骨架绑扎不牢固,在浇筑混凝土时,因振动使得钢筋偏位;模板安装时,由于考虑到现浇梁、板自重的影响,拱度设置较大,以及模板在混凝土重力、侧压力、施工荷载等作用下,安装不牢固产生位移跑模现象,造成钢筋保护层成型尺寸不标准;钢筋保护层上部受力筋布置较密,浇筑时混凝土和易性不好且振捣不充分,或是黏模、跑浆就易出现蜂窝、麻面甚至露筋,造成钢筋保护层密实性不好。

3.3.3 砂浆强度偏低

制作砂浆垫块时,砂浆强度偏低,因不能承受钢筋自重而破碎,从而导致钢筋保护层厚度过小;再者,砂浆垫块规格、摆放、固定、数量等因素均有可能造成不能有效控制钢筋的位置。

3.3.4 施工组织设计不合理

各工种交叉作业,施工人员行走频繁,因无处落脚而大量踩踏钢筋骨架,再加上有时候护

筋不到位，车压人踩，使受力钢筋移位、变形，不能切实保证受力钢筋位置的准确。

3.4 造成钢筋保护层厚度不均匀的主要原因分析

钢筋保护层厚度对钢筋混凝土构件来说是很重要的，如钢筋保护层厚度过小，可能导致钢筋在使用寿命周期内严重锈蚀而失去功能。而钢筋保护层厚度过大则分两种情况：一种是构件尺寸不变，缩小钢筋尺寸来达到目的，这样就导致了钢筋位置偏移，减弱了钢筋的承载作用，有可能诱发安全生产事故；另一种情况是钢筋尺寸不变，构件尺寸变大，这将造成资源的极大浪费，而且有些构件局限于周边介质而使尺寸无法变大。国内多条高速公路的施工与监理及竣工验收中发现，公路桥梁圆柱墩的钢筋保护层厚度合格率存在偏低现象，一般只有 40% 左右，特别是 8~15m 高度的墩柱中部钢筋保护层厚度合格率更低。对于这种情况，通过改进施工工艺，最终可将钢筋保护层厚度的合格率由 40%左右提高到 70%。

造成钢筋保护层厚度偏差有主观原因，也有客观因素。综合起来，有施工人员对钢筋保护层厚度的作用并不了解，施工不按顺序操作，混凝土浇筑前未先垫好保护层砂浆块，而是随浇筑而提高，造成钢筋保护层厚度偏差、超差，开挖基础坑槽时，不按施工图中几何尺寸施工，造成基槽坑尺寸偏小，从而造成钢筋端部的钢筋保护层厚度偏小。

3.4.1 钢筋保护层厚度设计值偏小

目前，有些设计人员片面追求构件外观轻盈美观，压缩结构尺寸，导致钢筋保护层厚度的设计值偏小，有些保护层厚度只有 2~3cm，这就要求施工精度更高，客观上造成施工困难。

3.4.2 施工人员对钢筋保护层厚度的质量控制意识不强

在施工过程中，施工技术人员、一线工人一般比较重视混凝土的实体质量，对于钢筋保护层厚度直接影响结构物耐久性、安全及使用功能的重要性还认识不够，导致在施工过程中，对如何提高钢筋保护层厚度合格率的措施研究还不够深入，施工技术人员对涉及钢筋保护层厚度的工序检查不够仔细，未能全过程跟踪检查、控制。另一方面，工地实验室未配备检测仪器进行工后检测，缺少检测数据及时指导施工工程，使得钢筋保护层厚度合格率普遍较低。

3.4.3 钢筋骨架制作质量的影响

钢筋保护层厚度是指在施工过程中钢筋与模板的距离，因此，墩柱钢筋的骨架几何尺寸直接影响成型后墩柱的钢筋保护层厚度。在模板几何尺寸一定的情况下，墩柱骨架钢筋尺寸越大，则相应的保护层厚度越小，反之亦然。其次，由于墩柱的平面位置要求比较严格，《公路工程质量检验评定标准　第一册　土建工程》(JTG F80/1—2017)规定墩柱的轴线偏位为 10mm，墩柱保护层厚度为±5mm，这就要求墩柱钢筋的安装位置必须控制在设计位置±5mm 内，否则墩柱的平面位置与钢筋保护层厚度无法同时满足标准要求。出现这种情况时，一般以牺牲墩柱钢筋保护层厚度来保证平面位置的准确，这也是目前施工中的通病。另外，墩柱钢筋的骨架刚度也是很重要的方面，钢筋的精确定位目前一般只控制顶与底，如果骨架自身刚度不足，势必导致钢筋中部位置无法控制，进而影响钢筋保护层厚度的控制。

钢筋骨架加工、制作不规范，导致钢筋骨架实际尺寸和设计存在偏差，钢筋骨架线形不顺直；绑扎、焊接不到位，导致钢筋稳固性差；在钢筋骨架运输、吊装过程中钢筋骨架变形比较严重;钢筋骨架定位不准确,导致钢筋保护层产生偏差。

3.4.4 模板制作及安装质量的影响

模板制作的质量差,模板的平整度、强度及刚度不满足要求;模板安装位置不准确;模板固定及限位措施不到位等,导致模板在混凝土浇筑过程中出现胀模、移位等现象,使得成型构件钢筋保护层出现偏差。

定型模板的几何尺寸直接决定成型后墩柱的几何尺寸,墩柱的几何尺寸与钢筋骨架的几何尺寸及平面位置共同决定了保护层厚度。在其他影响因素不变的情况下,模板几何尺寸愈大将导致钢筋保护层厚度愈大,反之亦然。在假设钢筋平面位置与几何尺寸严格与设计一致的情况下,模板的最大几何尺寸误差也不能超过 5mm,如果考虑到钢筋平面位置与几何尺寸的合理误差,模板加工要求的精度就更高。

3.4.5 垫块制作及设置不规范

钢筋保护层垫块不标准,垫块厚度与保护层设计值不一致;垫块的强度不足、设置密度和数量不足,在施工过程中,经常导致垫块出现变形、移位和脱落,对钢筋保护层厚度产生较大影响。

3.4.6 混凝土浇筑工艺不科学,过程控制不严

混凝土浇筑工艺直接影响到已经调整并加固完毕的钢筋及模板,如下料方式不当容易造成钢筋与模板间垫块脱离位置,操作人员上下振捣方式不当容易引起钢筋整体晃动并导致位置偏移,振捣棒插入位置不当也容易导致钢筋移位。

混凝土在浇筑过程中,施工工人没有施工作业平台,不注意对垫块的保护,操作工人任意在钢筋骨架上走动,混凝土浇筑工艺不科学,导致模板和垫块发生移位和变形,特别是混凝土浇筑过程中没有技术人员旁站监理,对出现的问题不能及时进行纠正和处理。

第 4 章　钢筋保护层厚度的控制

4.1　钢筋保护层质量通病的控制措施

鉴于钢筋保护层厚度出现的问题,本节重点从施工前技术交底和施工过程中的要素控制两方面来阐述有效保证钢筋保护层厚度合格率的措施。

4.1.1　技术交底时明确各部位钢筋保护层的厚度

在施工前,应针对不同的工程部位,根据设计图纸及施工验收规范,确定正确的钢筋保护层厚度。钢筋混凝土构件不同,钢筋保护层厚度不尽相同,一般来说桥梁梁板的钢筋保护层厚度较小,而基础的钢筋保护层厚度较大。因此,在对操作者的技术交底中必须明确此厚度,否则很容易出问题。

4.1.2　钢筋加工是钢筋保护层厚度控制的基础

钢筋制作、绑扎时严格按照施工技术交底操作,受力筋或箍筋的加工尺寸必须准确。在预制和现浇箱梁钢筋加工中,严格控制构造筋和拉钩筋的加工制作,保证半成品的尺寸和形状。在墩、柱施工中,首节墩、柱预埋钢筋定位牢固及准确是保证其保护层厚度合格率的关键。在墩身施工中,根据预埋主筋的位置进行精确测量定位,在钻孔桩施工中,应严格控制钢筋笼下放等工作,保证其中心不偏位。立柱施工时,根据其中心准确调整好钻孔桩预留钢筋,保证调整后的钢筋笼中心偏差在规范允许范围内。为了确保钢筋定位精度,在高墩身施工中,还应在钢筋骨架内设置定位劲性骨架;现浇箱梁钢筋绑扎中,提前在底模上按各种钢筋的设计位置放线,照线绑扎;腹板钢筋安装时,通过预先制作好的标准木条来固定腹板位置,保证保护层的厚度;预制箱梁的钢筋骨架在固定胎模上绑扎成型,安装钢筋时,采用定型样架来控制倾斜度。

4.1.3　模板制作、安装精度是钢筋保护层厚度控制的前提

目前,模板均采用大块定型钢模,有专业厂家加工生产,需进行预拼装,以保证每块模板的安装精度。在预制模板安装中,严格把握模板倾斜度和倾斜方向,保证模内尺寸满足设计图纸的要求。现浇梁板模板在施工前应进行预压,预压结束后根据实际测量的高程进行模板调整,确保模板就位准确、不变形。

4.1.4　钢筋保护层垫块定位是钢筋保护层厚度控制过程的重点

钢筋保护层垫块的制作及选择是钢筋保护层厚度控制的关键之一。砂浆垫块的强度应不低于混凝土构件强度,保证其在混凝土浇筑过程中的完好,并在砂浆垫块中预埋钢丝以便固定;或采用异形垫块,如卡槽式混凝土垫块等,保证砂浆垫块处于最佳受力状态,从而发挥垫块的最大作用。在构件施工前,应检查钢筋笼的位置,如有偏位,可以通过加密垫块进行调整。

4.1.5 混凝土浇筑是控制钢筋保护层厚度的重要因素

混凝土必须保证良好的和易性，选用合适的振捣器和正确的操作方法，以保证钢筋保护层的质量。在混凝土浇筑振捣过程中，应注意对垫块的保护，避免振捣棒触到垫块，使得垫块移位，便无法保证钢筋保护层的厚度。

4.1.6 合理的施工组织是控制钢筋保护层厚度的外在环境因素

进行合理的施工组织设计并合理安排施工进度，尽量减少各工种交叉作业，是控制钢筋保护层厚度的外在环境因素。若必须进行交叉作业时，应注意做到以下几点：

(1)尽可能合理和科学地安排好各工种交叉作业时间，在板底钢筋绑扎后，线管预埋和模板封镶收头应及时穿插进行并争取全面完成，做到不留或少留尾巴，以减少板面钢筋绑扎后的作业人员数量。

(2)在频繁和必需的通行处应搭设(或铺设)临时简易通道，以供必要的施工人员通行。

(3)加强教育和管理，使全体操作人员重视保护板面上层负筋的正确位置；必须行走时应自觉沿钢筋支撑点通行，不得随意踩踏中间架空部位钢筋。

(4)应根据构件的工程量安排足够数量的钢筋工，在混凝土浇筑前及浇筑中及时进行整修。

(5)在浇筑混凝土时，对钢筋的易变形部位和负弯矩筋受力最大区域，应铺设临时性活动挑板，以扩大接触面，分散应力，尽力避免上层钢筋受到踩踏导致变形。

4.2 提高钢筋保护层厚度合格率的质量保证措施

4.2.1 加强事前控制

1)重视设计

设计是施工的依据，如果能从设计时严把钢筋保护层厚度的首道关口，就为钢筋的混凝土保护层厚度施工创造了良好的条件。设计中要明确控制钢筋保护层厚度的环境、地域以及其使用年限，按照不同条件确定不同性质的钢筋保护层厚度。如果在设计中出现误差，将会带来不可挽回的损失。所以，设计人员应根据受力计算、构造要求和当时的施工水平等因素合理确定保护层厚度。

2)组织相关单位认真做好图纸会审

在设计图纸中，对钢筋保护层厚度根据情况有不同的要求。比如现浇梁板和梁的保护层厚度，当混凝土强度不同时，其要求的厚度是不一样的。而基础的迎水面钢筋保护层厚度通常为 5cm，有时甚至要求达到 10cm，这都要根据图纸的要求来绑扎钢筋。在实际工作中，经常发现钢筋操作工不看结构图纸总说明而仅凭经验操作。不使用相应的标准垫块，有时为图省事乱用垫块或少用垫块而导致保护层厚度产生偏差。这些现象都与施工单位不重视图纸会审、施工管理不严有关。这些都是人为因素，应该完全杜绝。

3)重视施工前的技术交底

在施工前，应针对不同的工程部位，根据设计图纸及施工验收规范，对现场人员进行明确交底，以保证从钢筋的制作时就严格控制保护层的预留量，尤其是箍筋，以免在施工时返工。

如立柱的钢筋保护层厚度的控制要从立柱的圆形支持筋的制作开始。因此,在开工时就要明确控制的重点工序、重点部位,在施工中才能有的放矢。

施工单位技术交底时,应特别重视对混凝土及钢筋施工班组的交底。

4)施工单位的技术人员应熟悉图纸及规范的要求

翻样、放样时箍筋的翻样尺寸要正确。对一些钢筋密集,复杂的梁、柱交接处,主梁与次梁的交接处必须放实样,合理安排各方向的主筋与副筋位置。同时确保钢筋在制作时的尺寸正确,给施工现场钢筋安装、绑扎节点创造条件。避免由于交接点处钢筋密集无法安装而造成钢筋挤占保护层位置,从而发生保护层厚度不足露筋的情况。当钢筋密集无法避免挤占保护层位置时,施工单位应与设计单位沟通,变更设计图纸,不得让钢筋挤占保护层位置。

4.2.2 重视施工过程中的要素控制

施工、监理单位要充分认识到钢筋保护层质量直接影响到结构物的耐久性和受力状况。针对目前钢筋保护层厚度合格率较低的现状,要重视对钢筋保护层厚度施工质量的控制,应该制订相应的监理细则和工序检查、验收程序,改进施工工艺,加强现场质量管理,强化过程控制,确保结构物钢筋保护层厚度满足规范要求。

在施工过程中出现的钢筋保护层厚度不能满足要求,大约有以下原因:一是制作钢筋时出现尺寸误差较大;二是钢筋安装时,对钢筋骨架绑扎不牢固,在浇筑混凝土时,振动使钢筋偏位;三是模板在混凝土重力、侧压力、施工荷载等作用下,安装不牢固,出现位移跑模现象,导致保护层成型尺寸不标准;四是制作砂浆垫块时,砂浆强度低,根本承受不起钢筋的重量,模块的规格、摆放、数量均不能有效控制钢筋的位置;五是混凝土浇筑时,护筋不到位,车压人踩,使受力钢筋变位、变形,未切实保证受力钢筋位置的准确;六是在浇筑混凝土时,混凝土不能按照规定下料,使得钢筋移位,钢筋保护层厚度不合格。

综合以上原因,在混凝土现浇板浇捣过程中尤其需要重视。往往是钢筋绑扎时位置都很正确,但在浇捣时情况就变了样,容易出现人踩或工器具压在上面,由此造成的结果是支撑钢筋的马凳被踩倒,混凝土上层钢筋弯曲变形,保护层厚度也就得不到保证。所以在施工过程中,应做到规范操作,严禁操作人员在钢筋上随意行走;对上层钢筋应作有效的固定;浇捣中还应经常检查,发现问题及时解决。

控制钢筋保护层厚度的总体工作思路是:在严格控制钢筋及模板平面位置、几何尺寸的基础上,控制钢筋与模板的距离,并使钢筋、模板及相应的固定设施(垫块、模板固定支架及拉索)形成一个整体,在浇筑混凝土过程中避免破坏钢筋、模板的整体性,从而保证钢筋保护层厚度在控制范围内。按照这一思路,结合前面的原因分析,提出以下针对性的措施。

1)严格执行首件工程认可制

在分项工程正式施工前,施工、监理单位应坚持实行首件工程认可制,加强对施工人员的技术交底工作,明确详细的施工工艺。施工、监理单位均应配备钢筋保护层厚度检测仪器,严格检测并将钢筋保护层厚度合格率作为首件认可的一票否决性指标。对钢筋保护层厚度合格率小于90%的首件,要分析原因,改进工艺,返工后重新进行首件施工和认可,直至合格率大于90%,同时要明确使用满足要求的施工工艺,保证结构物保护层施工质量的稳定性。

2)垫块的质量控制

(1)垫块选择

选择优质标准的垫块,宜采用与结构物混凝土同强度等级的水泥砂浆垫块。垫块的厚度必须与保护层厚度设计值相符。目前已有专门生产高强砂浆垫块的厂家,垫块的形式、尺寸也可以根据具体的使用部位定型加工,购买、使用均比较方便。目前较多的施工单位采用厂家生产的塑料垫块,虽然省工、方便、经济,但由于塑料的性能和混凝土性能差异较大,且塑料相对混凝土来说还存在老化快的问题,故很难保证钢筋不变形;对于一些大型的钢筋骨架,塑料垫块因承载力不足,易变形、破碎,使用效果更差。所以,采用砂浆垫块更有质量保证。

(2)垫块的设置

垫块的设置要科学、合理,应准确、牢固地绑扎在受力主筋上,在钢筋密布的地方要多布置垫块,防止钢筋重量过大导致垫块损坏。垫块布设的数量、密度要满足要求。结构物底板钢筋保护层垫块,设置间距宜控制在 50~100cm,侧模垫块间距宜控制在 100~120cm。模板和钢筋之间宜设置一定数量的限位钢筋,防止垫块受力变形。

(3)严格垫块制作工艺

保护层垫块的制作及选择是钢筋保护层厚度控制的关键之一,应根据不同部位制作不同规格的垫块。垫块要采用专业精制模具加工,用高强砂浆制作成型,必须有效控制垫块的几何尺寸和自身强度,防止变形。同时,保护层垫块采用创新的“点接触”替代传统的“面接触”,可大大提高混凝土的外观质量。同时要确保垫块使用数量。一般要求间距 0.8~1m 应设置 1 只垫块,如果钢筋直径较小,则还应适当加密垫块的间距。一般易出现梁板负弯矩钢筋或双层双向钢筋的上排筋保护层厚度偏大,以及悬挑梁上部负弯矩钢筋保护层厚度偏大等问题,此处应作为钢筋绑扎成型中关注的重点。

(4)保护层垫块的用量

设计图纸中通常未明确保护层垫块的强度、厚度及布置密度。实际操作时应根据设计图纸布置。通过实践,一般情况下钢筋保护层垫块布置密度为每平方米不少于 4 块,同时垫块应呈梅花形布置。同时保护层垫块的强度等级应不低于结构物混凝土的强度等级。根据以往施工经验,为满足钢筋保护层厚度,确保钢筋保护层厚度合格率满足设计及规范要求,在施工时结构物侧面保护层垫块布置的密度仅满足规范要求往往是不够的,同时还必须考虑钢筋骨架的纵向及竖向刚度,如预应力结构中,侧面纵向分布钢筋往往为构造钢筋,直径较小,因此刚度较小,在保护层垫块布置时就必须根据骨架刚度适当加密保护层垫块。另外,结构物底部保护层垫块布置时,应考虑结构物、钢筋及预应力等荷载以及混凝土浇筑、倾倒时的荷载。因此在实际施工时,当结构物钢筋骨架刚度较小时,侧面保护层垫块的密度每平方米不少于 6 块,而对钢筋自重较大、梁高较高、钢筋数量较多的大型结构物,保护层垫块的密度应视实际情况适当增加,总之优先考虑保护层垫块的承载能力,同时适当增设钢筋支撑骨架。防止混凝土浇筑时保护层垫块压碎而导致钢筋保护层厚度不足。为确保混凝土浇筑完成后全断面结构强度满足设计要求,保护层垫块的抗压强度须大于或等于结构物的实际抗压强度。

(5)保护层垫块的安装

安装、绑扎固定钢筋保护层垫块应作为钢筋工程施工中的一个重要控制环节。目前推广使用标准垫块或卡撑式定位件等作为确保钢筋保护层厚度的措施,已在工程上广泛使用。一些施工单位不重视这个问题,一方面,垫块设置的数量不够,导致钢筋下沉或垫块被压碎、变形的情况时有发生。另一方面,比较普遍的问题就是垫块的混用、乱用如梁、板混凝土即使是相同强度等级,其保护层厚度要求也不相同,但在施工现场,有的工人将梁的垫块用作板筋的垫块,而将板筋的垫块也用作梁的垫块。钢筋工程属于隐蔽工程,是混凝土结构工程施工质量监控的重点。施工单位要认真做好钢筋工程的验收,避免发生钢筋保护层厚度偏差。

(6)采用新型垫块

为保证垫块质量，本书研究小组开发了一种球面垫块（详见第6章介绍），经过多个项目的应用效果很好。研究成果已获得国家新型实用专利3项。

3)钢筋骨架质量控制

(1)钢筋骨架加工、制作过程控制

钢筋骨架加工、制作必须严格按照设计和规范进行，成型的钢筋骨架尺寸必须符合设计和规范要求，为了保证钢筋骨架的稳固性，要保证钢筋绑扎及钢筋焊接质量，钢筋绑扎位置、绑扎密度、数量要符合要求，杜绝为了追求钢筋保护层厚度，随意调整钢筋骨架尺寸的错误做法。钢筋骨架安装质量控制，要注意钢筋骨架在运输、吊装过程中的变形，安装工艺要合理、科学，安装完成后，必须认真检查，确保位置准确，不符合要求的必须纠正处理。安装后钢筋骨架的固定措施还必须得当，固定牢固，防止发生倾斜、移位等。非焊接钢筋骨架，如现浇箱梁的底板钢筋、桥面铺装多层钢筋之间，应该用短钢筋进行支垫，保证位置准确；负弯矩钢筋（上排钢筋）绑扎施工时，钢筋马凳或钢筋撑脚应按双向不超过1m的间距，固定在上部负弯矩钢筋之下和下部受力钢筋之上，悬挑钢筋马凳要垂直于受力主筋通长布置，间距不超过1m。对于桥梁墩柱骨架钢筋和桩基钢筋的连接，桩基钢筋位置的准确性直接影响到墩柱钢筋骨架位置的准确。由于交通运输部质量检验评定标准中规定，单排桩桩位的允许偏差是5cm，而墩柱钢筋保护层厚度允许偏差是规定值±5mm，所以在施工过程中必须严格控制桩基钢筋位置，在安装墩柱钢筋前，要对桩基钢筋位置认真检查、复核，偏差较大时，必须要对桩基钢筋进行合理的纠偏，然后才能进行墩柱钢筋骨架的安装施工，否则难以保证墩柱钢筋位置的准确性，进而影响钢筋保护层厚度合格率。

①布设钢筋工作台。

预制箱梁施工中，需要在工作台上对钢筋进行绑扎，而工作台的尺寸精确与否与钢筋保护层厚度有着密切的关联，应确保工作台的尺寸准确无误。应根据规范标准及设计要求，在工作台上设置定位卡槽，并对绑扎钢筋的直径予以充分考虑，使其对骨架制作的影响降到最低。必须确保工作台的坚固性和稳定性，以免使用一段时间后变形。在多次绑扎作业后，定位卡槽可能会出现变形或磨损，因此，要设置专人定期对工作台的台座进行检查，发现问题及时修复处理，确保定位卡槽的精度。

②控制钢筋加工及绑扎质量。

a. 钢筋加工。

钢筋进行加工过程中，必须确保下料准确，根据图纸中给出的尺寸对钢筋进行加工。制作时，要确保钢筋平直、无明显弯曲。对弯曲的钢筋使用调直机进行处理。钢筋的加工质量应当由专人进行控制，在转运前，对其尺寸进行复检，确认合格后方可运至施工现场进行安装。如果检验时发现尺寸不合格的钢筋，应当返工重做。

b. 钢筋焊接。

当焊接的受力钢筋为Ⅰ级或冷拉Ⅰ级钢筋时，如焊接位置只有一个方向为受力钢筋，两端边缘的两根锚固横向钢筋与受力钢筋的全部相交点必须焊接；如焊接的两个方向均为受力钢筋，则沿四周边缘的两根钢筋的全部相交点均焊接，其余的交叉点可根据运输和安装条件确定，一般可焊接或绑扎一半交叉点。

当焊接的受力钢筋为冷拔低碳钢丝，而另一方向的钢筋间距小于100mm时，除钢筋两端边缘的两根钢筋的全部相交点必须焊接外，中间部分的焊点距离可增大至250mm。

c. 钢筋搭接。

在对钢筋进行搭接时，搭接的最小长度应当符合规定要求。

d. 钢筋安装。

在钢筋安装过程中，应严格按照放样的边线及间距对钢筋进行摆放，防止保护层厚度一侧大、另一侧小的情况发生。设置垫块时，可以按梅花形进行布设，其数量应当以每平方米不少于 4 块为宜；在一些特殊部位，可根据情况对垫块进行加密。钢筋绑扎时，扎丝的弯曲方向应当朝向骨架的内侧，防止扎丝进入钢筋混凝土保护层。

e. 钢筋整体吊装。

钢筋笼两端同时起吊，将钢筋笼整体吊离地面后于空中缓慢竖直，然后松副钩，主钩将钢筋笼吊至墩顶。

(2) 墩柱钢筋加工安装注意事项

①墩柱钢筋一般设计为竖向受力主筋按照一定间距焊接固定在环向骨架钢筋上，在主筋外侧按照一定间距盘绕螺旋形箍筋。因此，控制墩柱钢筋笼的几何尺寸关键在于控制环向骨架钢筋的几何尺寸。笔者经在多个工地观察，发现现场加工人员很难准确把握环形骨架钢筋弯曲半径，图纸一般只提供环形骨架钢筋中心轴线的弯曲半径，无法直接用于生产控制。经多次数据测算调整，发现加工环形骨架筋的圆柱形构件半径（环形骨架半径-环形骨架筋钢筋半径）为 4～6mm 时效果最好。环形骨架钢筋直径 16～20mm 时取用 4mm，22～25mm 时取用 5mm，大于 25mm 时取用 6mm。

②钢筋骨架整体刚度通过加强主筋与环形骨架筋焊接及主筋与外部螺旋形箍筋固定来实现。钢筋加工、安装现场发现，对于钢筋笼整体的刚度而言，主筋与螺旋形箍筋的固结尤为重要，建议在主筋与螺旋形箍筋交叉点采用点焊或铁丝梅花形固定，即间隔一个交叉点固定。另外，螺旋形箍筋使用前先调直，在半径相近的圆形构件上弯曲成相近环形半径备用，保证螺旋形箍筋与主筋密贴。

③钢筋安装定位先确定中心点，按照图纸设计半径±5mm 在现场用墨线标出，钢筋安装时只有全部主筋都落在墨线形成的环内才可固定，进而完成钢筋的安装工作。

④严格控制钢筋的绑扎成型工序。

绑扎时要按图纸、规范操作。保证钢筋骨架各部分尺寸及精度，确保主筋安放位置的准确，避免出现钢筋保护层厚度产生偏差。对一些复杂的梁板结构以及纵横交错的梁柱交接点，应在认真交底的基础上，合理安插主、次梁结构主钢筋的位置，并注意施工顺序，避免出现钢筋挤占保护层的情况。

4) 模板施工质量控制

(1) 采用标准钢模板

模板的强度、刚度、平整度、模板的固定和限位措施将影响结构物的几何尺寸，造成保护层厚度发生变化，因此要求模板在使用前进行试拼、校正。同时在模板拼装完成后对拼装质量进行检查验收，检查时重点检查模板断面尺寸，拼缝是否紧密、面板是否翘曲等。模板安装前再次挂线检查钢筋尺寸、垫块布置是否符合要求。模板安装后仔细检查大面、边角部位保护层厚度，仔细校核保护层厚度、几何尺寸及竖直度，否则必须进行调整。

模板的几何尺寸、平整度、刚度和强度必须要符合要求，并要防止模板在使用过程中发生变形。模板的安装位置应准确，固定和支撑要牢固，对于体积比较大的钢筋混凝土构件，要对模板的支设方案进行专题审查，防止混凝土施工过程中出现跑模、移位等现象。建议采用标准钢模板。

(2)模板的制作

模板分项工程中,模板制作的尺寸偏差也会导致保护层偏差超标,因此要注意模板的制作和安装。制作要规范、尺寸要准确,特别是缩模现象很容易导致钢筋保护层厚度不足以致发生露筋现象。模板支撑要稳定,避免失稳偏模造成构件局部保护层偏差。

(3)墩柱模板加工注意事项

①墩柱定型钢模板从模板设计、模板加工制作方面控制模板的几何尺寸。模板设计一方面保证构件的几何尺寸,同时考虑模板的周转次数,进行相应的刚度设计;定型钢模板在起吊、运输、使用时,需要考虑模板的承载情况,使用过程中要确保模板不变形。

②模板加工需要设计相应的胎模,在胎模上进行预拼装,检查各项数据指标,合格后电焊固定。焊接过程中一定要考虑电焊温度变化在模板内部形成的内应力,防止模板从胎模上落架后由于自身内应力过大而逐步变形。根据模板刚度确定一次施焊长度,一般控制在2cm左右,并且实施跳焊,分散模板内部的温度应力,避免应力集中。

(4)模板安装

在模板施工中,必须确保其尺寸与设计要求相符,模板的刚度、强度均应当足够,保证模板的整体稳定性。安装模板时,要确保与箱梁设计尺寸相符。要对模板进行牢固连接,防止模板变形。板面应当平整,所有拼接缝必须严密,不得存在漏浆现象。应在模板内部均匀涂刷隔离剂,且隔离剂不会对钢筋表面造成污染。模板支撑必须牢固可靠,在轻微振动及偶然碰撞下,不致出现严重的位移及变形情况。拆除模板时,必须确保混凝土达到足够的强度,并严格按照操作规程的要求操作。作业人员不得使用蛮力,更不可以用重锤敲击,以免造成模板内部的混凝土损坏,从而造成钢筋外露等问题。

(5)采用新型模板

为了提高控制保护层厚度的水平,作者研发了"浮动式立柱模具装置",在河南淮信高速公路桥梁施工中进行了试用。结果表明,该装置有效保证了钢筋保护层厚度。"浮动式立柱模具装置"已获2项国家发明专利;但是由于该装置结构复杂,加工及使用成本高,没有得到普及应用。

5)钢筋保护层厚度检测

为了加强钢筋保护层厚度的过程控制,本书课题组研发了"雷达钢筋保护层厚度检测仪"。

钢筋绑扎结束及模板安装后,在混凝土浇筑前使用雷达钢筋保护层厚度检测仪检测钢筋保护层厚度。在钢筋保护层厚度不足的地方,检测钢筋和模板是否变形,直到钢筋保护层厚度满足要求后再浇筑混凝土,从而保证了钢筋保护层厚度。

6)混凝土浇筑控制

水泥应选用具备抗碳化能力的普通硅酸盐水泥,使用前应对其抗压强度进行试验检测。砂石集料要有良好的级配,粒径和含泥量不得超出允许范围。若使用外加剂应进行试验,并合理确定其掺入量。应科学设计混凝土的配合比,可由试验室通过试验给出,一经确定,任何人员不得随意更改。浇筑混凝土时,必须严格按照规程进行操作,确保振捣的有效性,不得漏振,更不可以过振,振捣棒与模板之间应当保持50~100mm的距离,避免振捣时触碰到钢筋。及时对混凝土进行养护,可以采用覆盖洒水的方法,养护时间不得少于7d。

(1)混凝土浇筑过程控制

在混凝土浇筑过程中,要搭好操作平台,尽量避免施工人员直接站在钢筋骨架上进行混凝土的施工。在进行振捣时，要防止冲击到钢筋和保护层垫块，要加强对模板支设情况的跟踪检查，及时处治跑模、胀模等情况；保护层的混凝土要振捣密实，要正确掌握拆模时间，防止过早拆模，碰坏棱角导致露筋。混凝土浇筑过程中，监理人员必须全过程旁站，发现问题要及时指出并解决，保证钢筋保护层厚度满足要求。

合理的浇筑工艺、正确的下料方式将避免局部偏压过大而引起的钢筋、模板变形，同时振捣过程中严禁振捣器紧贴模板和钢筋（附着式除外）。因此，在混凝土浇筑前，要加强检查验收工作，检查时重点检查钢筋保护层垫块是否绑扎牢固、钢筋骨架定位是否牢固、模板加固及缆绳是否设置妥当、有无垫块脱落或破损部位。技术交底时需明确混凝土浇筑时下料的方式；是否设有人员上下通道或爬梯；振捣工具的振捣方式及与模板、钢筋、保护层垫块的安全距离等，确保浇筑振捣时混凝土下落、振捣棒振捣、人员上下等过程不损坏保护层垫块，不移动钢筋骨架等。为减轻混凝土入模冲击力对钢筋与模板间垫块的影响，混凝土自由落体高度大于 2m 时一定要使用串筒，必要时设置减速板。

（2）成品保护

在混凝土浇捣过程中注意成品保护控制。施工单位在浇捣混凝土时，往往缺乏指挥与监督。施工人员在已绑扎成型并经验收的钢筋网上乱踩乱踏，甚至将设备机具放在上面，造成支撑马凳和垫块被压扁或踩倒以及混凝土内钢筋弯曲变形或位移。这样就会使钢筋位置及保护层厚度得不到保证。另外，在混凝土浇捣过程中振捣无序，局部振捣过分或振动棒触及钢筋骨架，也会使钢筋骨架变形、错位，使保护层厚度不均匀。因此，在混凝土浇捣施工中，应做到规范操作，对易于偏位的钢筋应作有效的固定，指派专人指挥监督，严禁人员在钢筋上行走，振捣要按操作规范要求操作。设人员上下通道专用软梯，不允许攀爬固定完毕的钢筋。振捣时严格控制振捣棒的落点位置在距离钢筋 10~15cm 处，禁止振捣棒碰触钢筋。

4.2.3 加强工序验收工作

施工单位要重视钢筋绑扎成型工序的验收工作，监理加强旁站，绑扎时要按图纸、规范操作。保证钢筋骨架各部分尺寸及精度，确保主筋位置的安放准确，是避免出现钢筋保护层偏差的前提。对一些复杂的梁板结构以及纵横交错的梁柱交接点，应在认真交底的基础上合理安插主、次梁结构主钢筋的位置，并注意施工顺序，避免出现钢筋挤占保护层的情况。

4.3 结　　论

实践证明，只要施工单位高度重视钢筋保护层厚度的控制，从保护层垫块的选用和设置、钢筋骨架的加工制作及安装、模板的选用及安装、混凝土浇筑及振捣等环节入手，精细化组织施工；监理人员加强事前、事中的控制和监督，事后及时进行检测、分析、总结，固定成熟的施工工艺，钢筋保护层厚度合格率要达到大于 90% 的水平是完全能实现的。

第 5 章　钢筋保护层厚度合理值的确定

国家规范对钢筋保护层厚度结构实体检测的要求《混凝土结构工程施工质量验收规范》(GB 50204—2015)特别提出了对钢筋保护层厚度的检验要求,对检验的结构部位和构件数量及验收方法都做了明确的说明,并将其作为工程主体质量验收前实体抽检的一个重要内容,可见钢筋保护层的重要性。历年来,因钢筋保护层厚度问题间接影响着钢筋混凝土结构的稳固性。交通运输部每年都要投入越来越多的维修加固费用。对于钢筋保护层腐蚀破坏非常严重的结构物,不得不进行维修加固。因此,合理的钢筋保护层厚度能有效提高混凝土结构物寿命,经济效益显著。

钢筋保护层厚度对钢筋混凝土的耐久性、钢筋与混凝土的黏结锚固性能都有重要影响。钢筋保护层厚度过小,不但会导致钢筋过早生锈而加快锈蚀发展速度,而且会使钢筋周围的混凝土由于钢筋的黏结滑移所引起的裂缝发展到构件表面,形成纵向的裂缝。同时,钢筋保护层厚度过小,还会使混凝土结构由于混凝土自收缩而造成沿钢筋方向的纵向裂缝或形成裂缝薄弱面,裂缝薄弱面即混凝土虽未产生裂缝,但已经形成了混凝土抗拉薄弱区,以后会由于受外力而出现裂缝,从而进一步加快钢筋的锈蚀和由于黏结滑移造成裂缝的形成。钢筋保护层厚度过大,构件自重增加,有效截面减小,承载力也随之下降,同时构件钢筋间距也将增加。因此,确定合理的钢筋保护层厚度是很有必要的。

目前,国内外专家进行了一些相关方面的研究。徐善华等研究了大气环境下钢筋保护层厚度的取值;赵羽习等研究了钢筋保护层厚度对钢筋锈蚀深度的影响;李维红等研究了钢筋保护层厚度对钢筋混凝土梁力学性能的影响;蒋东红等研究了钢筋保护层厚度的控制措施;其他人也研究了钢筋锈蚀开裂与钢筋直径、钢筋保护层厚度和混凝土质量之间的关系,钢筋保护层厚度对使用荷载作用下钢筋混凝土梁最大弯曲钢筋间距的影响,混凝土强度、钢筋保护层厚度和表面涂层对钢筋混凝土结构耐久性的影响,氯离子侵蚀情况下考虑结构耐久性的钢筋保护层厚度设计等。但以上的研究和分析均未详细阐述一个问题,那就是在混凝土凝结硬化过程中由于混凝土的收缩受到钢筋限制而产生的裂缝和形成的裂缝薄弱面,这些裂缝和裂缝薄弱面对钢筋的锈蚀和钢筋混凝土结构的受力性能都会产生影响。因此,研究分析混凝土自收缩受钢筋限制的情况下,不同钢筋直径、不同混凝土强度的适宜钢筋混凝土保护层厚度是十分必要的。

5.1　钢筋保护层的作用

1)承载作用

钢筋和混凝土在建筑结构中是一个不可分割的整体,从材料的力学性能来分析,钢筋具有较强的抗拉、抗压强度,而混凝土只具有较高的抗压强度,抗拉强度则很低。但两者的弹性模量较接近,还有较好的黏结力,这样既发挥了各自的受力性能优势,又能很好地协调工作,共同承担结构构件所承受的外部荷载。

2)保护作用

钢筋被包裹在混凝土构件中形成钝化保护膜,不与外界接触,相对还比较安全,但如果钢筋保护层厚度过小,也就是钢筋过分靠近受拉区一侧,一方面容易造成钢筋露筋或钢筋受力时表面混凝土剥落;另一方面,随着时间的推移,表面的混凝土将逐渐碳化,钢筋就失去保护作用,从而导致钢筋锈蚀,断面减小,强度降低,钢筋与混凝土之间失去黏结力,构件整体性受到破坏,严重时还会导致整个结构破坏。

3)提高混凝土结构的耐久性

适当增加钢筋保护层厚度,确保保护层完好,有利于提高钢筋混凝土结构的耐久性。钢筋保护层厚度是影响钢筋发挥受力作用的重要因素,不少的钢筋锈蚀问题都是由于钢筋保护层厚度不够引起的。

4)抵抗破坏

钢筋保护层太薄容易渗入潮湿气体和水,能使钢筋锈蚀并膨胀,从而使混凝土遭受破坏;钢筋保护层过厚则易产生裂缝,对钢筋受力不利,影响使用和结构安全。

5)承受外力作用

钢筋保护层对钢筋有锚固力,利用混凝土与钢筋间的锚固力,两者紧密结合,共同参与工作受力。钢筋混凝土保护层过薄或缺失时,减小了锚固力,从而降低结构抵抗轴力和弯矩的作用。

5.2 数值分析目的及模型

5.2.1 数值分析目的

研究小组主要对某一含有钢筋的混凝土试件进行模拟,通过对由于混凝土的自收缩受钢筋限制而产生的垂直于钢筋轴向的混凝土拉应力等一系列数值进行分析,研究确定不同钢筋直径、不同混凝土强度适宜的钢筋保护层厚度。

5.2.2 数值分析模型

1)有限元模型

有限元模型采用钢筋混凝土试件的实际模型,混凝土试件模型尺寸为 50cm×40cm×40cm,钢筋采用圆钢进行模拟(图 5-1),数值分析软件采用 ANSYS 这一通用的有限元分析软件,混凝土和钢筋均采用三维实体单元 Solid45 进行模拟,混凝土单元和钢筋单元之间的连接采用节点耦合的方式进行连接,钢筋采用 HRB335 普通热轧钢筋,弹性模量取 2.0×10^5MPa,混凝土则根据不同的强度,分别取相应的弹性模量。

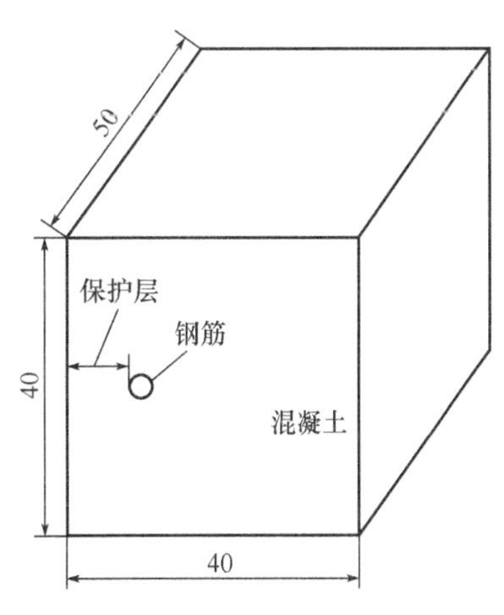

图 5-1　钢筋混凝土构件示意图(尺寸单位:cm)

2)数值分析中参数的确定

在数值分析中,钢筋直径取 1~5cm,间隔 1cm,共取 5 种钢筋直径。钢筋外缘到混凝土表面的距离(保护层厚度),取 0.5~9.5cm,间隔 1cm,共取 10 种距离。

两种参数相互交叉，共进行50组数值模拟，每种数值又取C20、C40、C60三种强度等级的混凝土进行分析。

3）有限元分析荷载施加

对于混凝土凝结硬化过程中的自收缩，分析采用对混凝土体施加温度荷载使混凝土体产生收缩的方式，对于混凝土的自收缩量，按照《工程结构钢筋控制》（王铁梦著）中对混凝土收缩的规定，结合混凝土强度和收缩量随龄期的变化情况，采用式（5-1）计算混凝土90d的收缩量，作为混凝土收缩分析标准值。

$$\varepsilon_{y}(t)=\varepsilon_{y}^{0}\times M_{1}\times M_{2}\times\cdots\times M_{n}(1-e^{-bt}) \tag{5-1}$$

参照《实用混凝土结构构造手册》（国振喜等编）中对混凝土强度与配合比的规定，首先计算出C40混凝土的90d收缩值为：

$$\varepsilon_{y}=3.24\times1.375\times0.76\times(1-e^{-0.01\times90})=2.01\times10^{-4} \tag{5-2}$$

参考吕艳梅等关于混凝土强度与混凝土自身收缩的研究成果，C20混凝土的收缩量约为C40混凝土的0.88倍，C60混凝土的收缩量约为C40混凝土的1.06倍，确定C20混凝土90d的收缩量为1.77×10^{-4}，C60混凝土90d的收缩量为2.13×10^{-4}。

对于混凝土的线胀系数，按照《混凝土结构设计规范》（GB 50010—2010）规定，当温度在0~100℃范围内时，混凝土线膨胀系数取1×10^{-5}/℃，由于本书只是模拟混凝土的收缩量，而不是研究混凝土的热胀冷缩性能，所以也取混凝土线膨胀系数为1×10^{-5}/℃，温度降幅分别取-17.7℃、-20.1℃和-21.3℃。

5.3 数值模拟结果分析

5.3.1 基于表面开裂的不同直径钢筋对应的合理钢筋保护层厚度分析

在钢筋混凝土结构中，混凝土由于自身收缩产生的沿钢筋横向的拉应力即为使混凝土产生沿钢筋的纵向裂缝或形成纵向裂缝薄弱面的主要原因。因此在数值模拟分析中，假定当混凝土拉应力达到抗拉强度设计值时，混凝土形成了裂缝薄弱面，当混凝土拉应力达到抗拉强度标准值时，混凝土即达到了开裂的应力状态。对于C40混凝土，参考《公路钢筋混凝土及预应力混凝土桥涵设计规范》（JTG 3362—2018），混凝土抗拉强度标准值为2.40MPa，抗拉强度设计值为1.65MPa。

表5-1即C40混凝土表面在不同钢筋直径和不同钢筋保护层厚度时的横向应力值。由表5-1可以看出，随着钢筋直径的增加，同一保护层厚度的表面混凝土横向应力值逐渐增大，比如当保护层厚度为0.5cm时，钢筋直径从1cm到5cm按1cm的增幅增加时，混凝土表面的横向应力值分别增加2.09MPa、1.17MPa、0.71MPa和0.46MPa，这表明随着钢筋直径的增加，混凝土表面开裂和形成开裂薄弱面的可能性逐渐增大。同时，随着钢筋保护层厚度的增加，同一钢筋直径的混凝土表面横向应力值逐渐减小，表明混凝土表面开裂和形成薄弱面的可能性也逐渐减小。

图5-2即C40混凝土表面在不同钢筋直径和不同钢筋保护层厚度时的横向应力图，结合图中开裂应力线和薄弱面应力线与不同钢筋直径的混凝土表面应力曲线的交点，采用插值计算，可以得出混凝土表面产生薄弱面和开裂时钢筋保护层厚度，见表5-2。

C40 混凝土表面横向应力值(单位:MPa)　　表 5-1

钢筋直径(cm)	保护层厚度(cm)									
	0.50	1.50	2.50	3.50	4.50	5.50	6.50	7.50	8.50	9.50
1.00	1.60	0.89	0.5	0.31	0.21	0.14	0.11	0.08	0.06	0.04
2.00	3.69	2.25	1.39	0.91	0.63	0.45	0.34	0.26	0.19	0.15
3.00	4.86	3.39	2.26	1.57	1.13	0.84	0.63	0.48	0.38	0.29
4.00	5.57	4.25	3.01	2.18	1.63	1.23	0.94	0.74	0.58	0.45
5.00	6.03	4.89	3.63	2.73	2.09	1.61	1.26	0.99	0.79	0.62

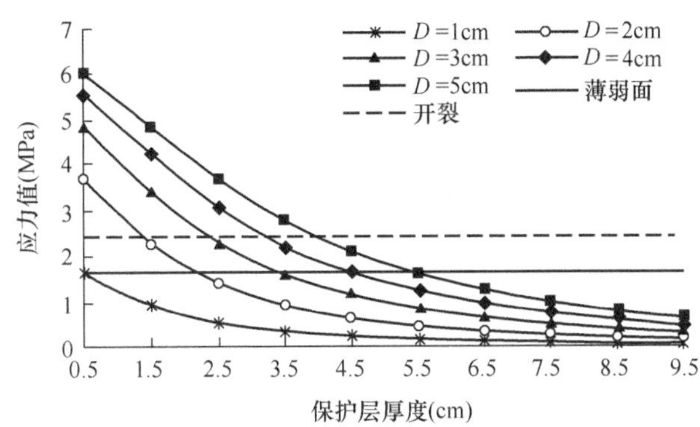

图 5-2　C40 混凝土表面横向应力图

C40 钢筋混凝土保护层合理厚度值　　表 5-2

钢筋直径(cm)	薄弱面保护层厚度(cm)	开裂保护层厚度(cm)
1.00	0.43	0.24
2.00	2.20	1.40
3.00	3.38	2.38
4.00	4.46	3.23
5.00	5.42	4.02

注:钢筋直径为 1cm 时开裂保护层厚度取薄弱面保护层厚度的 0.55 倍。

图 5-3 即不同直径钢筋保护层的合理厚度值。从图 5-3 中可以看出,随着钢筋直径的增加,钢筋保护层厚度必须相应地增大,才能使混凝土表面不产生开裂或出现裂缝薄弱面。但钢筋保护层厚度与钢筋直径之间的变化并非线性比例关系,随着钢筋直径的增加,钢筋保护层厚度的增加有减小的趋势。当钢筋直径由 1cm 到 5cm 按 1cm 的增幅增加时,薄弱面保护层厚度的增幅分别为 1.77cm、1.18cm、1.08cm 和 0.96cm,开裂保护层厚度的增幅分别为 1.16cm、0.98cm、0.85cm 和 0.79cm,这表明随着钢筋直径的增加,对混凝土表面开裂的影响逐渐降低。

5.3.2　基于表面开裂的不同强度等级的混凝土(合理)保护层厚度分析

研究选取三种不同强度等级的混凝土进行表面开裂的合理保护层厚度比较,来分析混凝土强度等级对钢筋保护层厚度的影响。混凝土分别取 C20、C40、C60 三种强度等级,混凝土表面的横向应力值分别见表 5-3、表 5-1 和表 5-4。参考《公路钢筋混凝土及预应力混凝土桥涵设计规范》(JTG 3362—2018),C20 混凝土抗拉强度标准值为 1.54MPa,抗拉强度设计值为 1.06MPa,C60 混凝土抗拉强度标准值为 2.85MPa,抗拉强度设计值为 1.96MPa。采用与计算 C40 混凝土薄弱面保护层厚度和开裂保护层厚度同样的方法,计算出不同强度等级钢筋混凝土保护层厚度,见表 5-5。

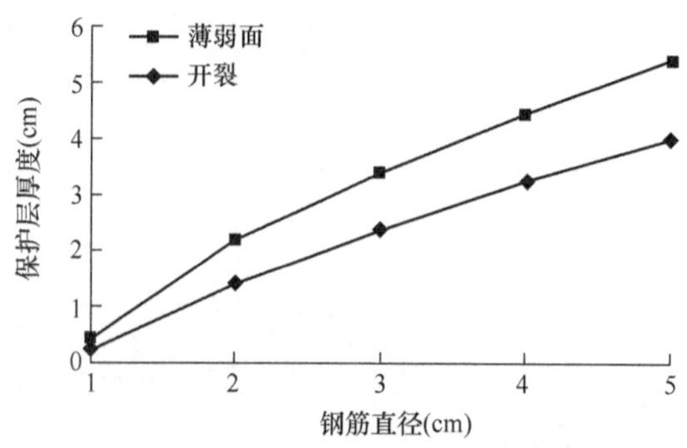

图 5-3 不同直径钢筋保护层合理厚度值

C20 混凝土表面横向应力值(单位:MPa) 表 5-3

钢筋直径(cm)	保护层厚度(cm)									
	0.50	1.50	2.50	3.50	4.50	5.50	6.50	7.50	8.50	9.50
1.00	1.15	0.65	0.36	0.22	0.15	0.11	0.08	0.06	0.04	0.04
2.00	2.66	1.63	1.00	0.65	0.45	0.33	0.24	0.18	0.14	0.11
3.00	3.51	2.44	1.63	1.13	0.82	0.60	0.45	0.35	0.27	0.21
4.00	4.02	3.06	2.17	1.58	1.17	0.89	0.68	0.53	0.41	0.33
5.00	4.35	3.53	2.62	1.97	1.51	1.16	0.91	0.72	0.57	0.45

C60 混凝土表面横向应力值(单位:MPa) 表 5-4

钢筋直径(cm)	保护层厚度(cm)									
	0.50	1.50	2.50	3.50	4.50	5.50	6.50	7.50	8.50	9.50
1.00	1.96	1.10	0.61	0.38	0.25	0.18	0.13	0.09	0.07	0.06
2.00	4.52	2.76	1.70	1.11	0.77	0.56	0.41	0.31	0.24	0.18
3.00	5.97	4.15	2.78	1.92	1.38	1.02	0.77	0.60	0.46	0.36
4.00	6.83	5.21	3.69	2.68	1.99	1.51	1.16	0.90	0.70	0.55
5.00	7.40	6.00	4.46	3.34	2.56	1.98	1.55	1.22	0.97	0.77

不同强度等级钢筋保护层合理厚度值 表 5-5

钢筋直径*(cm)	薄弱面保护层厚度(cm)			开裂保护层厚度(cm)		
	C20	C40	C60	C20	C40	C60
1.00	0.68	0.43	0.50	0.37	0.24	0.28
2.00	2.40	2.20	2.25	1.68	1.40	1.45

续上表

钢筋直径*（cm）	薄弱面保护层厚度（cm）			开裂保护层厚度（cm）		
	C20	C40	C60	C20	C40	C60
3.00	3.73	3.38	3.45	2.68	2.38	2.45
4.00	4.89	4.46	4.56	3.60	3.23	3.33
5.00	5.90	5.42	5.55	4.43	4.02	4.13

注：* 钢筋直径 1cm 时开裂保护层厚度取薄弱面保护层厚度的 0.55 倍。

图 5-4、图 5-5 即不同混凝土强度等级的薄弱面和开裂保护层合理厚度图。由图可以看出，随着钢筋直径的增加，混凝土强度等级对钢筋保护层厚度的影响有所增加，但混凝土的强度等级对钢筋保护层厚度的总体影响是比较小的。对于薄弱面保护层，当钢筋直径为 1cm 时，最大保护层厚度与最小保护层厚度的差值为 0.25cm，为最大保护层厚度的 36.8%；当钢筋直径为 5cm 时，最大保护层厚度与最小保护层厚度的差值为 0.48cm，仅为最大保护层厚度的 8.1%。而对于开裂保护层，当钢筋直径为 1cm 时，最大保护层厚度与最小保护层厚度的差值为 0.13cm，为最大保护层厚度的 35.1%；当钢筋直径为 5cm 时，最大保护层厚度与最小保护层厚度的差值为 0.41cm，为最大保护层厚度的 9.30%。由此可以看出，混凝土强度等级对开裂和薄弱面保护层厚度的影响相差不大。

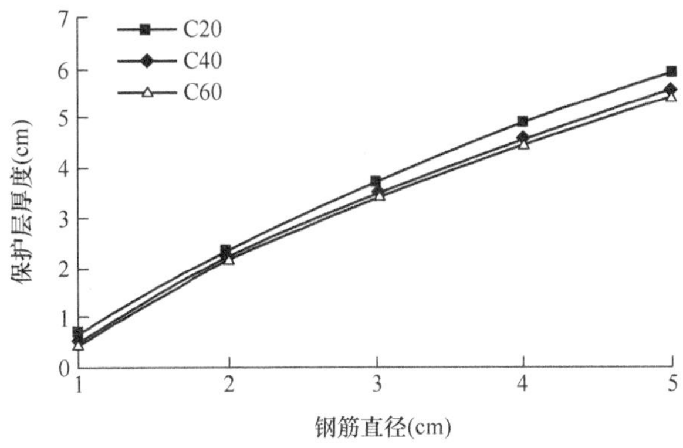

图 5-4　薄弱面保护层合理厚度

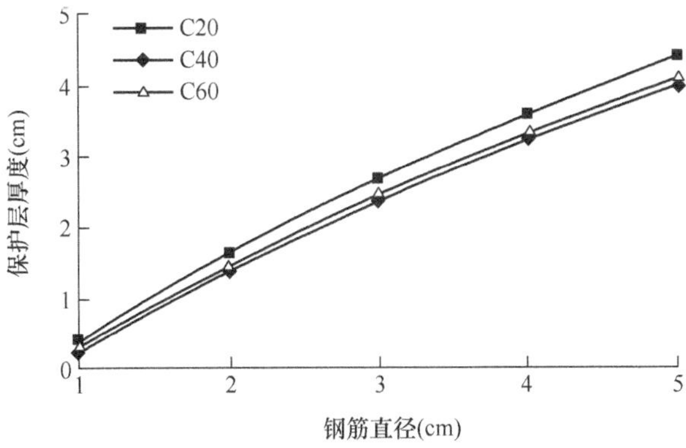

图 5-5　开裂保护层合理厚度

由图 5-4、图 5-5 还可以看出，随着混凝土强度等级的提高，钢筋保护层厚度的增加并未呈现出一定的趋势，C40 钢筋的混凝土保护层厚度小于 C20 钢筋的混凝土保护层厚度，但 C60 钢筋的混凝土保护层厚度大于 C40 钢筋的混凝土保护层厚度。因为随着混凝土强度等级的提高，混凝土的收缩量增大，混凝土弹性模量随之提高，收缩产生的拉应力加大，但同时混凝土的抗拉强度也增加，拉应力与抗拉强度的增加比例不一致，就会出现混凝土强度等级与钢筋保护层厚度的增加未呈现相同趋势的情况。

5.4 结　　论

为研究混凝土自收缩状态下钢筋保护层合理厚度值，建立了 50 组钢筋混凝土构件的 ANSYS 有限元数值模型，通过施加温度荷载使混凝土产生收缩，进行混凝土开裂状况的分析。分析结果表明，钢筋直径对保护层厚度的影响较大，当钢筋直径由 1cm 到 5cm 按 1cm 增幅增加时，对应的薄弱面保护层厚度和开裂保护层厚度分别有较大的增加。混凝土强度等级对保护层厚度的影响较小，在 C20、C40 和 C60 三种强度等级的混凝土中，C20 混凝土要求的保护层厚度相对较大，C60 次之，C40 最小。根据分析结果可知，当钢筋直径大于 3cm 时，钢筋保护层的合理厚度应不小于钢筋公称直径加 1cm 和国内相关规范规定的最小保护层厚度。同时，在满足工程需要的前提下，建议尽量少使用直径大于 3cm 的钢筋以及强度等级过高或过低的混凝土。

（1）钢筋直径对混凝土自收缩产生钢筋的影响比较大。通过研究分析发现，当钢筋直径不大于 2cm 时，现有国内规范规定的钢筋保护层厚度基本满足混凝土自收缩的要求，当钢筋直径大于 3cm 时，按现有规范规定的钢筋保护层厚度，混凝土表面不会开裂，但会产生裂缝薄弱面。裂缝薄弱面不但会对钢筋混凝土结构的受力性能产生影响，还会加快氯离子在混凝土中的渗透和混凝土碳化速度，促使钢筋较早锈蚀，导致混凝土产生顺筋裂缝。因此，建议在满足工程需要的前提下，尽量少使用直径大于 3cm 的钢筋，若要使用钢筋，保护层原来应在现有规范的基础上适当增加，以不小于钢筋公称直径加 1cm 和国内相关规范规定的最小保护层厚度为宜。

（2）从混凝土自收缩的角度来看，混凝土强度等级对适宜保护层厚度的影响不大，从 C20、C40 和 C60 三种强度等级钢筋保护层厚度的对比分析可见，C40 混凝土在满足收缩要求的情况下需要的钢筋混凝土保护层厚度最小，C20 混凝土最大，C60 混凝土需要较大。因此，建议在满足工程需要的前提下，尽量不使用强度等级过高或过低的混凝土，以取得最好的混凝土自收缩效果。

（3）本书研究仅从混凝土自收缩的收缩量方面对钢筋保护层的合理厚度进行了研究，并且采用了线性分析的方法，未涉及混凝土产生钢筋后的应力重分布的影响，因此难免有不足之处，今后的研究应该从这些方面进行加强。

第 6 章　立柱球面垫块及浮动式立柱模具

6.1　立柱球面垫块

6.1.1　方形垫块和圆形垫块存在的问题

随着公路、铁路、城市道路等基础工程的发展，桥梁施工日益增加，尤其山高沟深、地势陡峭的桥梁，桥梁立柱数量多、长度大。目前立柱施工存在易发生偏位、钢筋保护层厚度不准确、外观缺陷多等问题，为解决上述问题，一般采用垫块的方式。

目前常用的垫块主要为方形垫块和圆形垫块（图 6-1）。因圆形垫块中间的孔径尺寸有大有小，在选择时不容易控制，在钢筋穿过圆形垫块圆孔时，很难做到垫块与钢筋紧密贴实，容易出现松动。

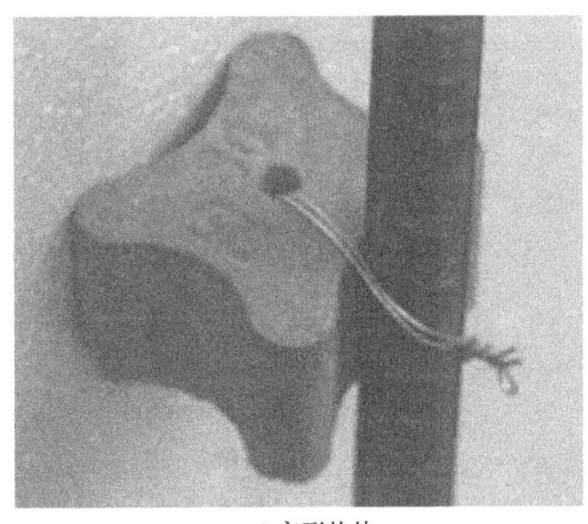

a）方形垫块

b）圆形垫块

图 6-1　常用的垫块

方形垫块存在下列问题：

（1）因方形垫块是用铁丝把垫块固定在钢筋上，钢筋与垫块之间会出现松动，导致两者之间发生偏移。

（2）因方形垫块强度存在不足，故在其施工中，在振荡器的作用下容易使垫块破碎。

（3）由于方形垫块是先前预制的，在施工中预制垫块与现制混凝土体不能有效结合，容易在其间出现缝隙，为今后钢筋与空气接触导致锈蚀留下工程隐患。

所以研究新的垫块以代替方形垫块和圆形垫块非常必要。

6.1.2　球面垫块结构

球面垫块有半球形（图 6-2）、球形（图 6-3）、球柱形（图 6-4）三种类型。

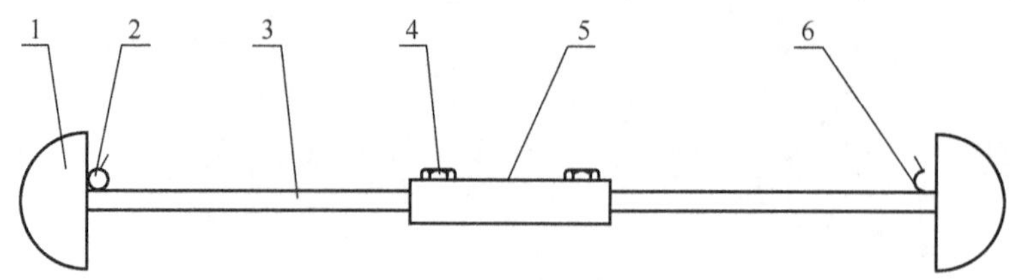

图 6-2　半球形球面垫块结构示意图

1-半球;2-钢筋笼;3-球杆;4-固定螺栓;5-连接管;6-弹性卡箍

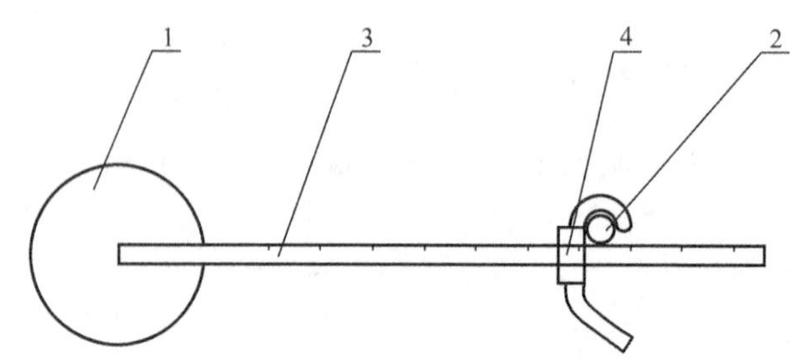

图 6-3　球形球面垫块结构示图

1-球体;2-钢筋笼;3-球杆;4-燕尾螺母

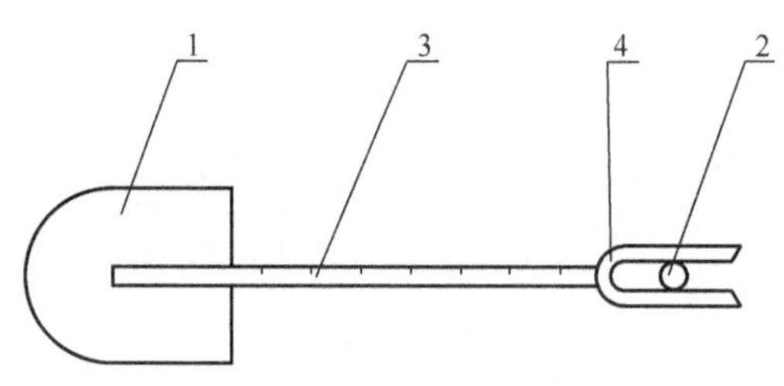

图 6-4　球柱形球面垫块结构示意图

1-球柱体;2-钢筋笼;3-球杆;4-刻度球杆

1)半球形球面垫块

半球形球面垫块由半球、球杆、弹性卡箍、连接管、固定螺栓等组成(图 6-2)。半球为混凝土预制件,制件时球杆插入半球中成为一体。弹性卡箍紧靠半球尾部并焊接到球杆上。连接管通过固定螺栓连接两个球杆,并通过调整球杆插入连接管的不同位置来调节系统的总长度。

半球形球面垫块工作原理为:将两根球杆插入连接管中,调整位置使两个弹性卡箍之间的距离与钢筋笼直径一致。半球的半径与钢筋保护层厚度一致,两个半球顶的距离就是立柱的直径。施工时将两相对的两根竖向钢筋用两个弹性卡箍卡住。

半球形球面垫块有三个作用:

一是保证立柱的直径准确,模板的内板紧贴半球保证了立柱的直径准确。

二是保证钢筋保护层厚度准确。因为弹性卡箍紧靠半球尾部,竖向钢筋进入弹性卡箍后,半球的半径就是钢筋的保护层厚度。半球是经过精确预制的,尺寸统一,保证钢筋混凝土保护层厚度准确。

三是对变形的钢筋笼尺寸进行校正。由于生产加工半球形球面垫块时控制为两个弹性卡箍之间的距离与钢筋笼直径一致,当钢筋笼发生变形或竖向钢筋的尺寸绑扎不准确时,竖向钢筋进入弹性卡箍后钢筋笼的直径就得到校正。

2)球形球面垫块

球形球面垫块由球体、螺栓球杆、燕尾螺母等组成(图 6-3)。球体为混凝土预制件,制件时螺栓球杆插入球体中成为一体。螺栓球杆连接球体和燕尾螺母,螺栓球杆上有尺寸刻度。

燕尾螺母是在螺母上连接两个钢丝燕尾。

球形球面垫块使用方法：将燕尾螺母旋转安装到螺栓球杆上，根据螺栓球杆上的尺寸刻度，调整燕尾螺母在螺栓球杆上的位置，使燕尾螺母到球面顶的距离为钢筋保护层厚度。弯曲钢丝燕尾绕钢筋笼的钢筋将燕尾螺母与钢筋笼的钢筋连接。

3）球柱形球面垫块

球柱形球面垫块由球柱体、刻度球杆、刻度尾叉等组成（图6-4）。球柱体为混凝土预制件，制件时刻度球杆插入球柱体中成为一体。刻度球杆连接球柱体和刻度尾叉。刻度尾叉的叉口尺寸与钢筋笼的钢筋直径一致。

球柱形球面垫块使用方法：使用球面垫块专用的安装工具，将钢筋笼的钢筋插入球柱形球面垫块的刻度尾叉，调整钢筋笼的钢筋与球面顶的距离为钢筋保护层厚度，然后将刻度尾叉与钢筋笼的钢筋焊接在一起。

6.2　立柱球面垫块模具

立柱球面垫块模具由高半模、低半模、高手柄、低手柄、底合页、张紧卡箍、销轴、张紧卡箍手柄、弹性卡片等组成（图6-5）。

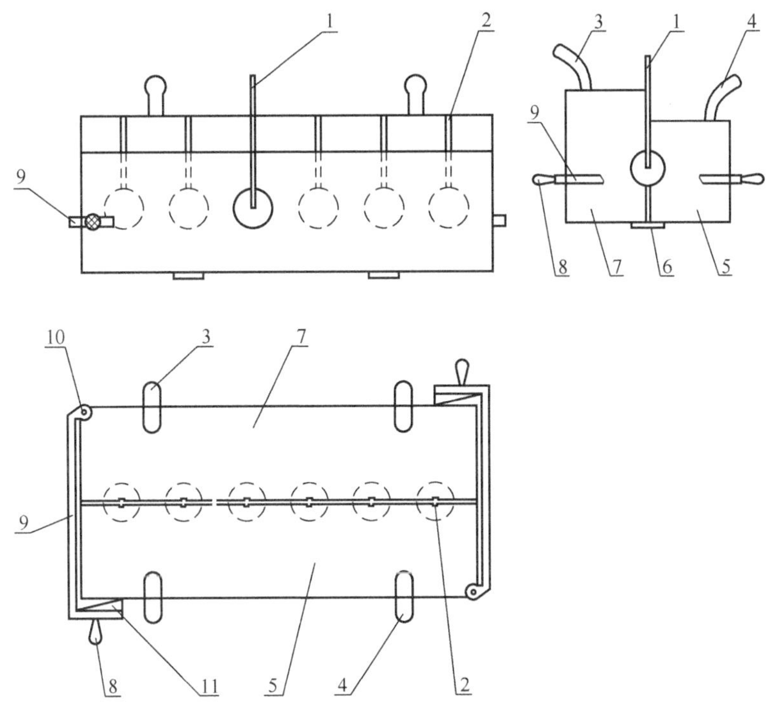

图6-5　立柱球面垫块模具结构示意图

1-球面垫块；2-混凝土注入孔（球杆插孔）；3-高手柄；4-低手柄；5-低半模；6-底合页；7-高半模；8-张紧卡箍手柄；9-张紧卡箍；10-销轴；11-弹性卡片

立柱球面垫块模具的主体为高半模和低半模，高半模和低半模中部各挖出半球腔体，当高半模、低半模合在一起时中间就为一个整球腔体，整球腔体的直径与球面垫块球体的直径一致。设低半模的目的是对球腔体灌混凝土方便；设高半模的目的是保证球面垫块球杆的竖直度。高半模、低半模的半球腔体上部对应连通的半孔，两个半孔合在一起组成一个小孔，小孔的直径与球面垫块球杆的直径一致。预制球面垫块时,混凝土从小孔灌入球腔体中。球腔体中灌满混凝土后,球面垫块球杆从小孔插入,混凝土凝固后球杆与球体固结为一体组成球面垫块。

高半模、低半模的底部由合页相连,脱模时通过合页的作用使高半模、低半模分离取出球面垫块。为方便脱模,在高半模、低半模顶面设有四个手柄。

高半模、低半模通过张紧卡箍将两个半模固定,高半模、低半模上设有销轴,张紧卡箍通过销轴连接高半模、低半模。张紧卡箍上设有张紧卡箍手柄,以方便卡箍张合。

6.3 立柱球面垫块专用安装工具

目前立柱施工存在易发生偏位、钢筋保护层厚度不准确、外观缺陷多等问题,解决上述问题一般采用垫块的方式。目前使用效果好的为球面垫块,但是球面垫块采用手工安装,存在安装速度慢、定位不准等问题,所以研究新的立柱球面垫块专用安装工具非常必要。

6.3.1 立柱球面垫块专用安装工具结构

立柱球面垫块专用安装工具由马蹄卡箍、卡箍手柄、托架、托架手柄、立柱、销钉、弹簧、滑杆、滑杆螺母、定位螺杆、定位螺盘、锁紧螺母、球面垫块组成(图 6-6)。

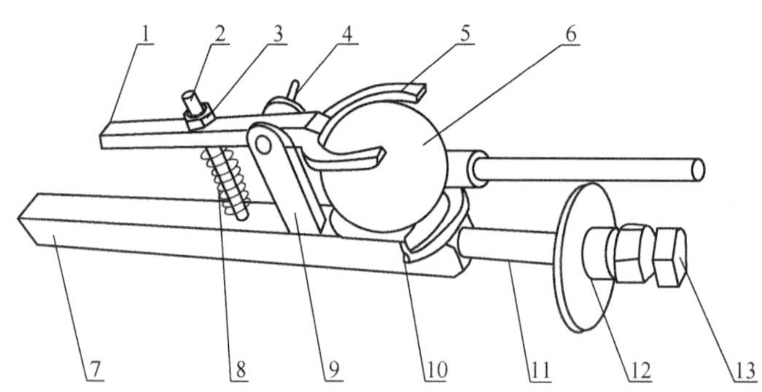

图 6-6 立柱球面垫块专用安装工具结构示意图

1-卡箍手柄;2-滑杆;3-滑杆螺母;4-销钉;5-马蹄卡箍;6-球面垫块;7-托架手柄;8-弹簧;9-立柱;10-托架;11-定位螺杆;12-定位螺盘;13-锁紧螺母

马蹄卡箍连接卡箍手柄,托架连接托架手柄,通过马蹄卡箍和托架固定球面垫块。立柱固定在托架手柄上,通过销钉连接卡箍手柄,使卡箍手柄形成杠杆结构。滑杆固定在托架手柄上,滑杆上套有弹簧,滑杆穿过卡箍手柄用滑杆螺母定位卡箍手柄。卡箍手柄在弹簧的作用下向上抬升,马蹄卡箍在杠杆的作用下向下压紧球面垫块。定位螺杆连接托架手柄,定位螺盘通过螺纹在定位螺杆上可前后移动,并可通过锁紧螺母将定位螺盘固定。

6.3.2 立柱球面垫块专用安装工具工作原理

立柱球面垫块专用安装工具工作原理为:托架手柄与卡箍手柄通过立柱形成杠杠结构,卡箍手柄在弹簧的作用下向上抬升,马蹄卡箍在杠杆的作用下向下压紧球面垫块并将其固定。

定位螺盘通过螺纹在定位螺杆上可前后移动,并可通过锁紧螺母将定位螺盘固定。调整定位螺盘与外球面的距离为钢筋保护层厚度。在定位螺盘位置将球面垫块的球柄焊接在钢筋笼的钢筋上。这样就保证了钢筋保护层厚度。

6.4 浮动式立柱模具装置及施工工艺

6.4.1 浮动式立柱模具装置结构

浮动式立柱模具装置由动力系统、液压系统、模板系统、喷气系统、脱模剂喷射系统、钢筋保护层厚度控制系统和操作系统七大系统组成(图 6-7)。

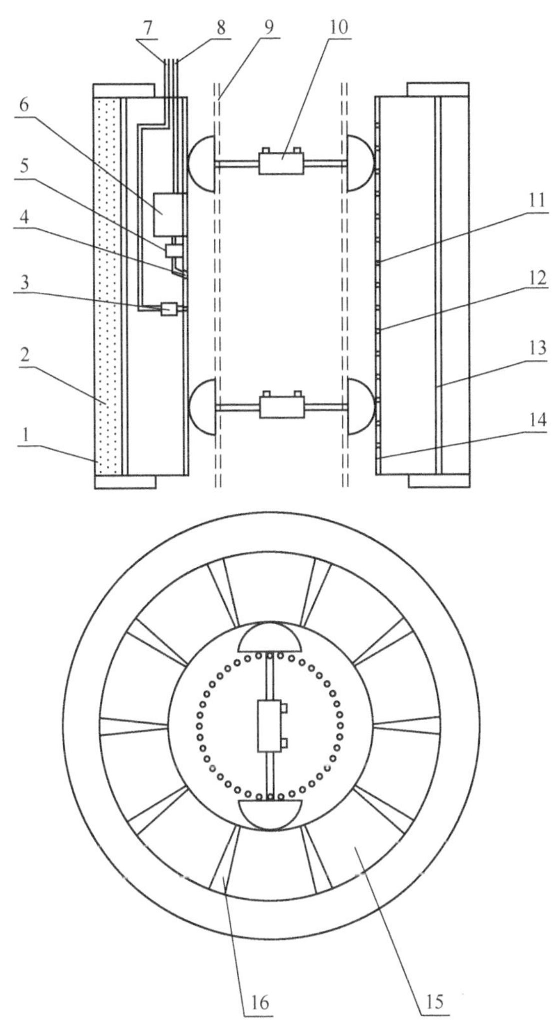

图 6-7 浮动式立柱模具装置结构示意图

1-液压缸;2-液压油;3-喷气嘴;4-喷液嘴;5-压力控制器;6-脱模剂储存腔;7-输气管;8-进液管;9-钢筋笼;10-钢筋保护层厚度控制系统;11-喷气孔;12-脱模剂喷射孔;13-外板;14-内板;15-弧形单板;16-工程橡胶块

1)动力系统

动力系统由电动机、变速箱、分动箱、液压马达、液压泵组成。

液压系统、模板系统、喷气系统、脱模剂喷射系统工作时均由发动机提供动力。

2)液压系统

液压系统由液压马达、液压泵、液压缸、液压油、液压管、液压开关等组成。

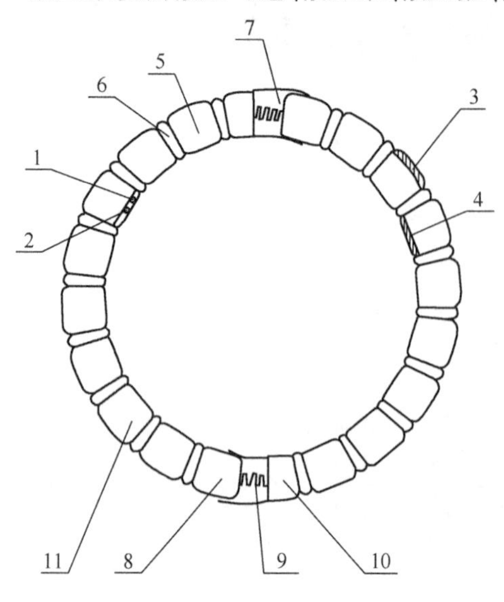

图 6-8　模板结构示意图

1-喷气孔;2-脱模剂喷射孔;3-外板;4-内板;5-弧形单板;6-工程橡胶块;7-调节板;8-动板;9-弹簧;10-定板;11-弧形单板

3)模板系统

模板系统由弧形单板、工程橡胶块及调节板组成,弧形单板和工程橡胶块间隔布置固结在一起(图 6-8)。弧形单板均为空心板,由内板、外板、上下密封板组成。弧形单板的数量根据立柱的直径确定,直径大时数量多。弧形单板为双数,每两块以相对立柱圆心呈轴对称布置。

调节板由动板和定板组成,动板和定板连接工程橡胶块,动板和定板间设有弹簧,通过相互运动调整调节板的间距。每套装置设两块调节板,以相对立柱圆心呈轴对称布置。

内板上设有喷气孔和脱模剂喷射孔。

模板系统工作原理:模板浮动位于液压缸中,通过调整压力大小可使调节板的动板和定板相互运动。浇筑混凝土时,增大液压缸中液压油的压力,使压力大于动板和定板间弹簧的弹力,这时弧形单板紧贴钢筋保护层厚度控制系统的半球顶面,保证了立柱的直径准确。拆模时,减少液压缸中液压油的压力,使压力小于动板和定板间弹簧的弹力,动板和定板在弹力作用下使调节析张开,完成拆模。

4)喷气系统

喷气系统由空气压缩机、输气管、喷气嘴、喷气开关组成。喷气嘴与弧形单板的内板上的喷气孔相接。

喷气系统工作原理:空气压缩机工作后,高压空气经输气管、喷气嘴和内板上的喷气孔射向立柱表面。

5)脱模剂喷射系统

脱模剂喷射系统由脱模剂储存腔、压力控制器、进液口、进液管、喷液嘴、喷液开关组成。

脱模剂储存腔、压力控制器、喷液嘴、进液管位于弧形单板中,进液口设在弧形单板的上密封板,喷液嘴与弧形单板的内板上的脱模剂喷射孔相接。压力控制器位于脱模剂储存腔与喷液嘴之间。喷液开关设在操作系统中。压力控制器由液压系统控制。

脱模剂喷射系统工作原理:将脱模剂从进液口加入脱模剂储存腔,使用时按下操作系统的出液按钮,脱模剂经压力控制器雾化后呈雾状经喷液嘴和脱模剂喷射孔喷洒在内板上。

6)钢筋保护层厚度控制系统

钢筋保护层厚度控制系统由半球、球杆、弹性卡箍、连接管、固定螺栓等组成(图 6-9)。半球为混凝土预制件,制件时球杆插入半球中成为一体。弹性卡箍紧靠半球尾部并焊接到球杆上。连接管通过固定螺栓连接两个球杆,并通过调整球杆插入连接管的不同位置来调节系统的总长度。

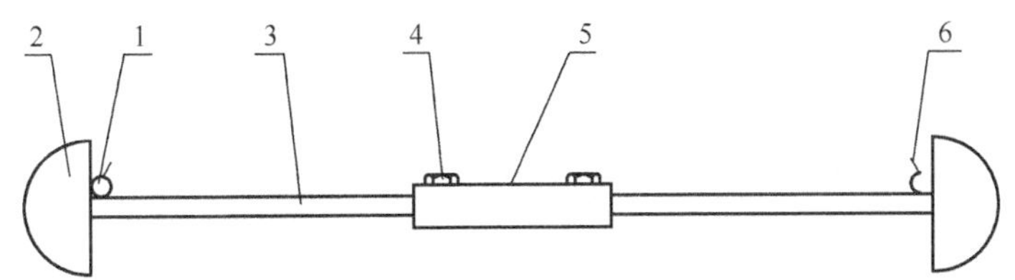

图 6-9　钢筋保护层厚度控制系统结构图

1-钢筋笼;2-半球;3-球杆;4-固定螺栓;5-连接管;6-弹性卡箍

钢筋保护层厚度控制系统的数量与弧形单板数一致,两块相对立柱圆心呈轴对称布置的弧形单板通过上下两套钢筋保护层厚度控制系统定位。

钢筋保护层厚度控制系统工作原理:将两根球杆插入连接管中,调整位置使两个弹性卡箍之间的距离与钢筋笼直径一致。半球的半径与钢筋保护层厚度一致,两个半球顶的距离就是立柱的直径。施工时将两相对的两根竖向钢筋用两个弹性卡箍卡住。

7)操作系统

操作系统由控制元件、控制软件、操作开关等组成。

通过控制软件、操作开关可调整液压缸中液压油压力、喷气压力、脱模剂喷射和出液量等。

6.4.2　浮动式立柱模具装置工作原理

(1)模板浮动位于液压缸中,通过调整压力大小可使调节板的动板和定板相互运动。浇筑混凝土时,增大液压缸中液压油的压力,使压力大于动板和定板间弹簧的弹力,这时弧形单板紧贴钢筋保护层厚度控制系统的半球顶面,保证了立柱的直径准确。拆模时,减少液压缸中液压油的压力,使压力小于动板和定板间弹簧的弹力,动板和定板在弹力作用下使调节板张开,完成拆模。

(2)将两根球杆插入连接管中,调整位置使两个弹性卡箍之间的距离与钢筋笼直径一致。半球的半径与钢筋保护层厚度一致,两个半球顶的距离就是立柱的直径。施工时将相对的两根竖向钢筋用两个弹性卡箍卡住。

钢筋保护层厚度控制系统有三个作用:

一是保证立柱的直径准确。装置的模板在液压系统的作用下,内板紧贴半球保证了立柱的直径准确。

二是保证钢筋保护层厚度准确。因为弹性卡箍紧靠半球尾部,竖向钢筋进入弹性卡箍后,半球的半径就是钢筋的保护层厚度。半球是经过精确预制的,尺寸统一,保证钢筋保护层厚度准确。

三是对变形的钢筋笼尺寸进行校正。由于生产加工钢筋保护层厚度控制系统时控制为两个弹性卡箍之间的距离与钢筋笼直径一致,当钢筋笼发生变形或竖向钢筋的尺寸绑扎不准确时,竖向钢筋进入弹性卡箍后钢筋笼的直径就得到校正。

(3)混凝土浇筑前将脱模剂从进液口加入脱模剂储存腔,按下操作系统的出液按钮,脱模剂经压力控制器雾化后呈雾状经喷液嘴和脱模剂喷射孔喷洒在内板上。当内板上脱模剂分布均匀并达到设定的厚度后停止喷射。

混凝土浇筑完成后,在初凝时,按下操作系统的喷气按钮,高压空气经输气管、喷气嘴和内板上的喷气孔射向立柱表面。由于混凝土凝固时水分散失、体积收缩,在内板与立柱间产生微空隙,高压气体进入微空隙,减小了内板与立柱的接触面。

养生期中,随着混凝土强度逐渐增大,混凝土体积收缩增大,内板与立柱间逐渐产生间隙,高压气体进入间隙,使内板与立柱的接触面逐渐减小,直至内板与立柱脱离。

混凝土强度形成后,再次按下操作系统的出液按钮,脱模剂经压力控制器雾化后呈雾状,经喷液嘴和脱模剂喷射孔喷洒在内板上,直到内板与立柱间的间隙填满后自动停止。这样保证拆模时立柱表面光滑、颜色均匀、表面无脱痕。

6.4.3 浮动式立柱模具装置特点

1)立柱直径准确

装置的模板在液压系统的作用下,内板紧贴半球保证了立柱的直径准确。

2)钢筋保护层厚度准确

因为弹性卡箍紧靠半球尾部,竖向钢筋进入弹性卡箍后,半球的半径就是钢筋保护层的厚度。半球是经过精确预制的,尺寸统一,保证了钢筋保护层厚度准确。

3)立柱表面光滑、颜色均匀、表面无脱痕

由于在混凝土浇筑前和混凝土强度形成后采用两次喷射脱模剂,立柱表面光滑、颜色均匀。

由于采用高压气体渐进式脱模,立柱表面光滑、无脱痕。

6.4.4 施工工艺

第一步:施工准备、测量放样、机械安装、半球预制、钢筋保护层厚度控制系统下料。

第二步:钢筋下料、绑扎、焊接、钢筋笼安装。

第三步:钢筋保护层厚度控制系统安装,将两轴对称的两根竖向钢筋用两个弹性卡箍卡住。

第四步:将整个模具装置安装到位。

第五步:第一次喷射脱模剂。

第六步:打开模板调整增压开关,装置的模板在液压系统的作用下,内板紧贴半球。

第七步:浇筑混凝土。

第八步:在混凝土初凝时,打开操作系统的喷气按钮。

第九步:混凝土强度形成后,关闭操作系统的喷气按钮,再次按下操作系统的出液按钮。

第十步:打开操作系统减压开关,等模板与立柱完全脱离后撤去整个装置。

第7章　钢筋保护层厚度的无损检测

7.1　研究背景

关于钢筋保护层厚度无损检测,诸多研究学者在工程病害检测方面做了一定的研究和探索。但由于结构物使用的材料不同,引发钢筋保护层厚度合格率低的原因也不同,其性质也大相径庭,使得钢筋保护层厚度的定量检测问题难度很大,在理论和方法研究方面一直没有太大的突破。

目前,用于钢筋保护层厚度无损探测的方法主要有超声波法、地震映像法及探地雷达法等。超声波法由于能量弱、耦合困难,所以使用较少;地震方法频率较低,对浅表的分辨率也低,不能有效地检测构筑物中的钢筋或微裂隙,其在浅表钢筋的探测方面也受到了限制;而探地雷达方法以其高分辨率、高效率、低成本且具有一定的探测深度等其他方法所无法取代的优势被广泛运用于高等级公路的勘察、检测、监测,地基勘察,建筑物、堤坝等构筑物质量检测等方面。工作实践中发现,在检测各种构筑物内部的裂隙病害及钢筋分布等,探地雷达可充分发挥其优势,并已取得了较好的应用效果。但由于目前国内外对探地雷达检测理论和应用方面的研究还不够系统和深入,阻碍了该方法的应用和推广。所以需要研究探地雷达检测理论与应用,通过理论分析、数值模拟和物理模拟,系统归纳钢筋保护层中钢筋、模板各种异常体的电磁波响应特征,为探地雷达检测钢筋保护层厚度的定量或半定量解释提供理论基础。

综上所述,地震方法和探地雷达方法是钢筋保护层厚度检测的主要手段,但地震方法由于频率低、浅表分辨率低,其对浅表钢筋保护层厚度的探测受到限制,不能有效地检测结构物的钢筋保护层厚度;而探地雷达方法则拥有高分辨率、高效率、低成本及具有一定的探测深度等诸多优势,在过去的30多年里,在工程、环境、考古等浅层高分辨率探测方面发挥了重要的作用,并被广泛运用在高等级公路的勘察、检测、监测,地基勘察,建筑物、堤坝等构筑物质量检测方面。但由于钢筋保护层厚度的检测机理复杂、几何尺寸不确定、位置也不确定等,到目前为止,利用探地雷达检测钢筋保护层厚度在理论上没有获得较大的突破,在实际应用方面还没有形成一套成熟的体系,目前这些问题都有待研究解决。

本书将从理论和应用两个方面解决探地雷达钢筋保护层厚度无损检测的难题。其研究成果可应用于各种道路结构物工程钢筋保护层厚度的无损检测。

7.2　探地雷达技术简介

探地雷达(Ground Penetrating Radar,GPR)是一种利用高频电磁波的反射探测地下目标体及地质现象的物探方法,亦称地质雷达。它由地面通过天线向地下发射电磁波,经地层或目标体反射,为另一天线所接收,并以脉冲反射波的波形形式记录,经处理得到二维雷达图像,以波形、彩色或灰阶方式显示地下垂直剖面。

探地雷达方法和技术,以其探测的分辨率高于其他地球物理手段、不具破坏性、抗干扰性和适应性强、图像显示直观清晰等特点,在水文地质、工程地质和环境地质调查、工程无损检测和考古调查等领域均获得了成功,并显示了广阔的应用前景。但是,探地雷达方法无论是在理论基础方面,还是在实际应用方面都还存在许多问题,有待人们去探索、研究。

7.2.1 探地雷达系统

探地雷达系统一般由发射电路、接收电路、低频放大电路、数据采集与处理四大部分组成。其中,发射电路由脉冲发生器和发射天线组成,产生的脉冲上升时间在 3ns 以下,发射的电磁能量进入地下。接收电路由接收天线、高频放大器、取样电路等构成。由接收天线接收到的高频信号经过放大、滤波后,利用脉冲取样技术,把重复接收的波形变成音频信号,并送入低频放大电路进行模拟信号处理。低频模拟电路由滤波器、时变增益放大和主放电路组成。由于电磁波深部信号比较弱,采用时变增益放大可以有效地提高深层目标反射信号的幅度。数据采集和处理部分主要由 A/D 采集板、图像处理和图像显示等构成。系统中,宽频带行波收/发天线是一个关键问题。以研究柱形对称偶极天线为基础,经过多次实际应用和反复改进,已设计出了加载方式和电阻率分布独特的行波天线,天线形状为扇形,其两臂夹角为 60°。天线上电阻率分布随天线臂长呈阶梯递减变化,以致形成强辐射的电磁能量进入地下。对不同中心频率的天线,其电阻率分布不同,发射效率达 20%~70%。

7.2.2 数据采集

根据研究内容及探测目标的不同,在进行数据采集时,探地雷达的观测方法(即发射天线与接收天线的相对位置和移动关系)也不相同。

由于大多数频率在几百兆赫兹至 1000MHz 以上的探地雷达天线多采用收、发天线一体化封装设计,收、发偏移距固定不变,也无法更改,所以,实际工作中以类似自激自收的剖面法最为常用。在进行剖面法检测时,为提高记录的信噪比,一般采用多次垂直叠加方式。探地雷达的多次垂直叠加效果要比地震勘探中的可控震源多次垂直叠加效果好得多,因为前者更能够保证多次激发信号的一致性。

7.2.3 信号处理

探地雷达资料的数据处理与地震勘探数据处理基本相同,可以说,多数用于地震勘探数据处理的模块均可直接用于探地雷达资料的处理。雷达资料处理主要包括动校正、滤波及时频变换处理、自动时变增益或控制增益处理、偏移处理、速度分析和时深转换及雷达合成处理等。

7.2.4 图像识别

原始的探地雷达剖面是一个时间剖面,通过宽角法、层析反演方法等可求得地下介质的波速,这样就可以将时间剖面转换成二维空间剖面。目前,利用二维图像剖面识别目标体的方法有两类,一类是人工智能图像识别法,另一类是目视判读法。人工智能图像识别法在 GPR 中的应用刚刚起步,常用的是能量探测法和频谱识别法。能量探测法是通过统计区域测点时间波形的累计能量并与确定的阈值比较,当能量超过阈值时,就作为异常,然后在异常范围内确定出几个对比时窗,统计各时窗的能量,找出具有异常能量的时窗段。根据异常能量分布空间范围,获得目标体的分布。这种方法快速、简便,可以给出目标体可能的分布范围,但不能精确地给出目标体的形状和边界。频谱识别法是通过计算获取某一形体的精确特征频谱,将这些频谱特征与实测资料的频谱进行比较,以识别目标体的形体。这种方法目前还只能用于一些最简单目标体的识别。

目视判读是利用人眼判读二维图像,从而得出地下目标体的形状、大小及其空间位置。目视判读法是目前最常用的图像识别方法。这种方法的基础在于熟悉各种地下掩埋体的图像模型,即 GPR 图像的正演模型。王惠濂(1993)、M. Bernabini 等(1995)的物理模拟和野外试验的成果为异常识别和图像的地质解释提供了理论和实证依据。图像异常的地质解译不是一个简单的电磁学问题,而是涉及地理、工程、考古等学科知识,故它是一个系统工程,需要综合各方面的知识和经验才能提高探测水平,特别是解译水平。

7.2.5 主频、探测深度及应用范围

探地雷达的应用是多方面的,按其探测深度一般可分为:①浅部应用。中心主频大于 1000MHz,探测深度小于 0.5m,主要用于公路路面、机场跑道、墙厚及墙内空洞、钢筋保护层厚度和隐藏物的探测等。②中深度应用。中心主频 100~900MHz,探测深度 0.5~8m,主要用于地下管线、地下空洞、考古研究、混凝土质量检测等。③大深度应用。中心主频小于 100MHz,探测深度 10~50m,主要用于岩土工程勘察,以探明地下岩溶洞穴、堤坝隐患、地基勘察、岩土层划分、基岩埋深及其构造破碎带的分布形态等。此外,GPR 也已应用于航空、卫星测量及一些特殊领域。可以推定,随着人们对 GPR 研究的不断深入,它的应用范围也将进一步拓宽。探地雷达在水利水电工程建设中以大、中深度的应用为主,以查明地下地质结构、进行岩土分层、探测坝体隐患等岩土工程勘察项目为主,发挥着越来越大的作用。

7.2.6 探地雷达技术在应用中亟待解决的问题

在实际工程检测中,国内对探地雷达的应用已非常普遍。无论是进口仪器或是国产仪器,目前在国内总的占有率已为数不少。但探地雷达方法目前的实际状况是还没有形成一种独立、成熟的理论方法体系,在实际应用中暴露出很多的问题。导致这些问题的原因可归纳为以下几点:

1)理论研究不够

探地雷达方法主要依靠地下介质中的异常体对发射天线发射的电磁波产生的响应(包括散射、反射、折射等)来探测地下异常体的形态、性质和埋深。它与军用雷达探测空中目标的原理相似,但涉及的传播介质则远较军用雷达复杂。军用雷达的研究和运用涉及国防建设和国家安全,其理论研究方面的投入远较探地雷达多得多。到目前为止,探地雷达方法主要还是借助于地震勘探的理论进行正演模拟和反演解释。但探地雷达毕竟不是地震勘探,其依据的理论基础也不能完全被地震勘探原理所取代。除了与地震勘探原理的相似性之外,它还具有自身的特殊性。所以,探地雷达应该独自拥有一套完整的理论和方法体系,以适应其自身发展和运用的需要。

2)野外采集参数选取不够规范

由于理论上研究不够,导致野外采集方法也不够成熟。针对给定类型和埋深范围的目标,该如何选取最佳的采集参数才能得到最理想的采集效果?要回答类似客观而又实际的问题,从根本上说必须要有相应的理论作为依据,否则就容易失去其科学性和合理性,导致盲目采集。盲目采集是目前探地雷达应用中较常见的问题。所以,通过理论研究来探索科学合理的采集方法也是当务之急。

3)资料处理技术跟不上

高分辨率体现了探地雷达方法的优势。高分辨率意味着发射的信号脉冲拥有较宽的频带和较高的主频。较高主频的探地雷达天线又多采用双极相对固定的统一封装模式。这种类型天线的使用主要是采用等偏移距激发接收的连续探测方式,该方式下获得的剖面类似于浅层地震勘探中的地震映像剖面,它包含了诸如空气直达波、地面直达波、反射波、散射波、折射波、

面波等多种类型的电磁波。这种雷达资料有以下特点:多次波发育、干扰严重、介质速度难以求取等。从处理的角度看,这些特点使得资料在处理上难度很大。但到目前为止,探地雷达资料的处理主要还是照搬了地震勘探资料的处理方法,并没有针对自身的特点开发出特殊的处理程序。采用现有的地震处理程序来处理上述雷达资料显然有很多不足之处或无法克服的困难,这也大大限制了该方法的应用和推广。

4)资料解释方法不成熟

目前的探地雷达资料解释主要还是停留在目视判读的定性解释层面上。从理论上讲,探地雷达利用了电磁波频率高、分辨率高的特点,应当在探测地下小尺度异常体的大小和埋深方面发挥更大的作用,而目前探地雷达资料的解释仅停留在定性解释上显然是不够的。譬如对于探测剖面上隐蔽的、肉眼难以分辨的,但却又是实际存在的微弱异常,可以从波场动力学的角度,通过对特征参数的数值分析进行定量或半定量的解释,从而使探地雷达资料的解释提升一个高度。这应当是研究资料解释问题的一个切入点,是将探地雷达资料解释方法引向成熟发展的一个方向。

总之,关于探地雷达方法,无论在理论方面还是实际方面,目前都还存在许多问题亟须研究解决。对探地雷达检测钢筋保护层厚度课题的研究正适应了目前和将来工程界对现代检测技术的需求。随着我国高速公路建设规划的实施,从未来着眼,养护检测不但必不可少,而且检测工作量会逐年递增,探地雷达技术以其诸多优势将被优先考虑。该项技术的进一步发展和完善是目前亟须解决的问题。

7.3 理论分析、数值模拟与物理模拟

7.3.1 基本原理

1)惠更斯—菲涅尔原理

惠更斯于1690年提出:“在弹性介质中,任何时刻波前上的每一点,都可以看作一个新的点震源,形成子波前产生二次扰动,而以后新波前的位置可以认为是该时刻各子波波前的包络。”这就是著名的惠更斯原理,又称波前原理。

2)费马原理

费马原理是从射线的角度对波的传播路径的描述。所谓射线,就是波从一点到另一点传播的路径,而波在任一时刻的射线总是与该时刻的前波面垂直。费马原理指出,波沿射线传播的时间和沿其他任何路径传播的时间比较起来是最小的,所以又称时间最小原理。在均匀介质中,射线为自震源发出的一簇辐射直线。因为射线恒与波前垂直,所以平面波的射线是垂直于波前的平行直线;而在非均匀介质中,射线有可能是一簇曲线。对光线传播特性的观察有利于帮助我们从直观上来理解射线的含义。在研究反射地震原理时用得最多的就是射线理论。

7.3.2 数值模拟方法

时间域有限差分法利用二阶精度的中心差分近似直接求解时间域的麦克斯韦旋度方程,见式(7-1):

$$\begin{cases} \nabla \times H^{*} = \varepsilon \dfrac{\partial E}{\partial t} + J_{e} \\ \nabla \times E = -\mu \dfrac{\partial H^{*}}{\partial t} - J_{m} \end{cases} \tag{7-1}$$

式中：E——电场强度(V/m)；

H^*——磁场强度(A/m)；

ε——介质介电常数(F/m)；

μ——磁导系数(H/m)；

J_e——电流密度(A/m^2)；

J_m——磁流密度(V/m^2)。

7.3.3 物理模拟方法

物理模拟是在数值模拟的基础上，根据数值模拟结果设计物理模型，采用实际的探地雷达仪器对物理模型进行测试试验，然后将试验结果与数值模拟结果进行对比，考察分析二者之间可能存在的差别，并分析引起这种差别的原因。物理模拟一方面可以检验理论分析和数值模拟的正确性，发现问题并解决问题，补充并完善理论；另一方面，可以较好地指导我们开展实际工作。因为物理模拟是通过实际操作来实现的，它采用真实的仪器对实际材质的介质模型进行测试，虽然与实际检测情况有些差别，但这种差别也只是量上的差别，主要是由于二者的母体介质的性质和均匀程度、异常体介质的性质等存在差别造成的，但不会引起质的不同的结果，所以物理模拟结果能够在很大程度上代表实际检测结果的近似。

7.4 模板及钢筋保护层中钢筋异常点元的电磁波响应特征

7.4.1 模板异常点元的电磁波响应特征

在图7-1a)中，我们选择了一块厚度1mm的钢板(模拟厚模板)，按45°倾角放置。在图7-1b)中，我们选择了两块厚度0.2mm的薄钢板(模拟薄模板)，也按45°倾角放置，但分别与图7-1a)中厚板的顶底位置重合。图7-2和图7-3分别是对上述模型的数值模拟和物理模拟结果。从图7-3中可以看出，作为部分的点元的电磁波响应与“整体”的电磁波响应之间的相互关系，部分包含在整体之中，整体可以分割成无数个部分之和。

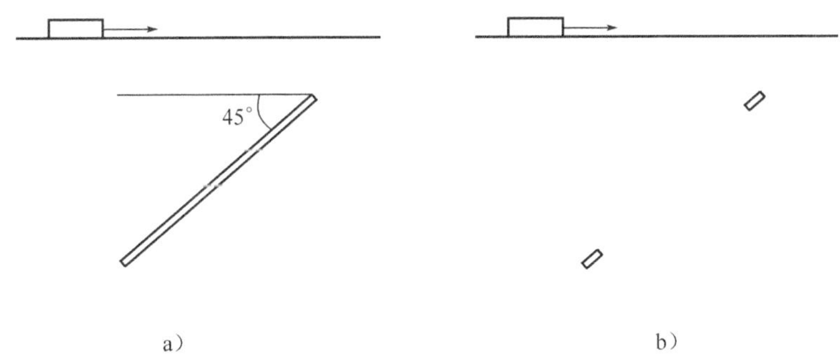

图7-1 倾斜厚钢板和具有倾斜位置关系的两个薄板“元”

下面，我们借助于数值模拟方法再来模拟一种较为特殊的情况。如图7-4a)所示，在图7-1a)的基础上，以薄板作为正方形的对角线，在该正方形的左上角和右下角位置各放置一个点元(用ϕ2mm粗的钢筋代替)，作为对模拟剖面进行分析时的位置标志。数值模拟结果见图7-4b)。

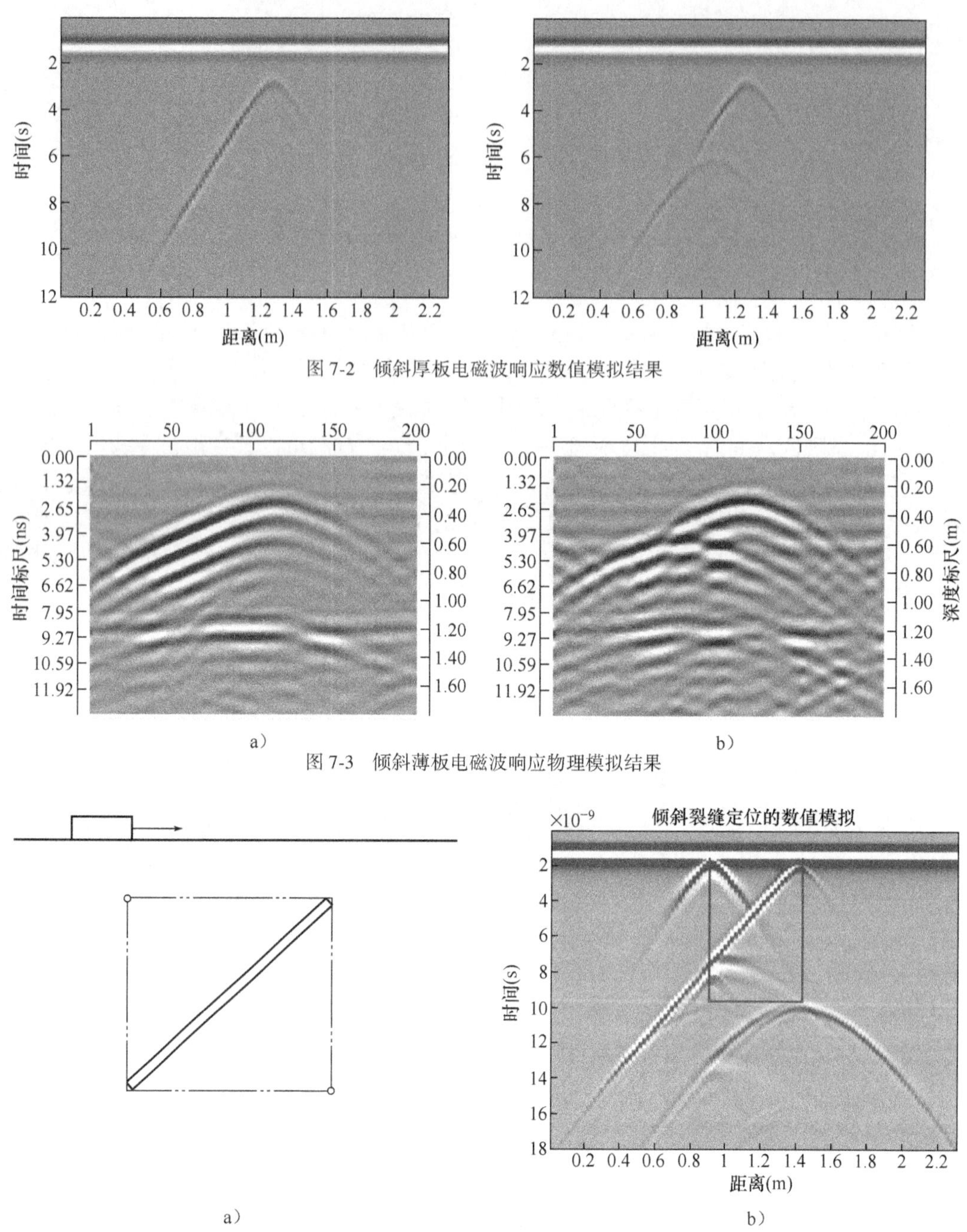

图 7-2　倾斜厚板电磁波响应数值模拟结果

a）　b）

图 7-3　倾斜薄板电磁波响应物理模拟结果

a）　b）

图 7-4　倾斜“点元”排列（斜面）产生的电磁波响应特征

（模型与数值模拟剖面）

在自激自收雷达剖面上，一个点元的散射波是一条双曲线，且双曲线的顶点位置在水平方向上与点元的横向位置重合。线是由点组成的。若把一段线状异常体细分成很多点状异常，根据电磁波的叠加原理，先求取所有点状异常的电磁波响应，然后再按时空关系求和就行了。对图 7-4a）进行数值模拟就是为了验证这一思路的正确性。在图 7-4b）上，过两个标志点形成的散射双曲线的顶点作水平线和铅垂线，则倾斜异常体上的点元所形成的散射双曲线的顶点必分配在由这四条直线所围成的正方形的对角线上，也即异常体所在的实际位置。但从模拟结果看,剖面上显示的异常明显地向左偏离了它的实际位置。所以,在二维空间中,对于一个倾斜的线状异常体,当从自激自收剖面上确定它的实际位置时,不能再简单地依靠把异常体细分后各点元形成的双曲线的顶点来定位了,因为,该数值模拟结果证明,这些双曲线的顶点在模拟剖面上已经消失了。我们先用费马原理来解释各双曲线的顶点消失的原因。

费马原理说,电磁波总是沿费时最小的射线路径传播。在这里,我们也可以理解成距雷达接收点最近的散射点形成的散射波最先到达仪器而成为首波。如图 7-5 所示,倾斜线状异常体 CBD,雷达位于 A 点,$AB \perp CD$,C 点刚好位于 A 点的正下方,也就是说,当雷达位于 A 点时,线状异常体上的 B 点距它最近,D 点次之,位于其正下方的 C 点则距它最远。为便于讨论,这里我们假设雷达波在母体介质中的传播速度为 2×10^{8}m/s。设线状异常体上有某一点 X,雷达波由 A 点发出到达 X 点后被散射又回到 A 点时的首波旅行时为 $t=2AX/2=AX$(在这里我们可以直接用距离来表示首波旅行时的大小)。当雷达仪器位于 A 点时,在 A 点记录一次扫描,也即采集一道记录。该记录道的首波位于 E 时刻,它是来自 B 点的散射;

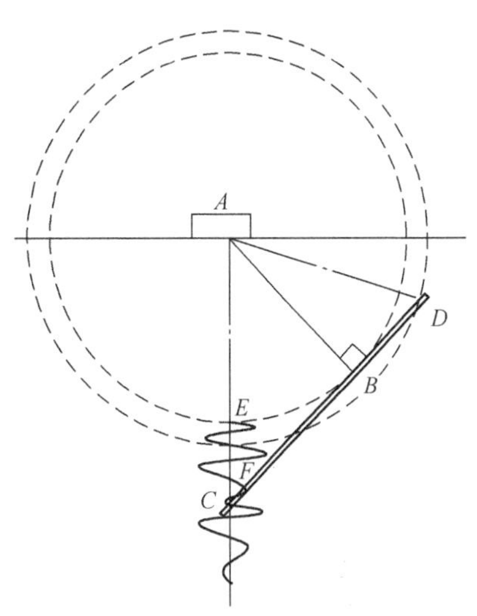

图 7-5　偏移产生的原因

而来自 D 点和 C 的散射则相继以续至波的形式在 F 时刻和 C 时刻被记录。所以,位于雷达仪器正下方的异常点所产生的散射波不一定会以首波的形式被记录,特别是对于倾斜异常体,除其上端点外,其他点产生的散射波都是以续至波的形式被记录的;而我们在考察一个异常体的散射波特征时最关心的是首波,而不是续至波,因为首波在记录上的出现具有从无到有的特性,它不会被相互抵消,也最容易辨别,它在空间上对应着异常体的边界;而续至波出现时还伴随着较强的散射背景,多数情况下会因为相互抵消而消失。所以,在下面的讨论中我们将进一步说明,在倾斜异常体的雷达波响应剖面上呈现的散射波同相轴是各点元散射双曲线的侧翼形成的包络。

在图 7-5 的情况下,当雷达仪器位于倾斜异常体上某点 C 的正上方时,由 C 点产生的散射波所形成的散射双曲线的顶点波形已不再以首波的形式出现在该记录道中了,而是被淹没在记录道的续至波中。该记录点的首波来自侧面距雷达仪器更近的点。首波不会被抵消,所有记录道的首波在横向上的堆积便形成能够反映异常体空间特征的同相轴,但该同相轴的位置已不是它所反映的异常体的真实位置了,而是发生了偏移。

图 7-6 采用散射叠加原理和费马原理进一步说明了倾斜异常体产生偏移的原因。倾斜异常体的真实位置依然位于其上的点元所形成的散射双曲线的顶点,但每个散射双曲线的顶点波形都是作为续至波被记录的(除异常体的上端点外),而首波则是由各双曲线的侧翼的包络线组成。对于倾斜异常体上的每一个点元,由它产生的对成像作出贡献的双曲线的侧翼相对于该点元在倾斜体上的实际位置向倾斜方向的远处和深处发生了明显的偏移(从表象上看,好像图像相对于实际异常体变缓变浅了,但从成像机理上分析则不然)。这些包络线在雷达检测剖面上不会被抵消,它反映了异常体的特征,但由于它是倾斜的,所以明显地偏离了倾斜异常体所在的实际位置。

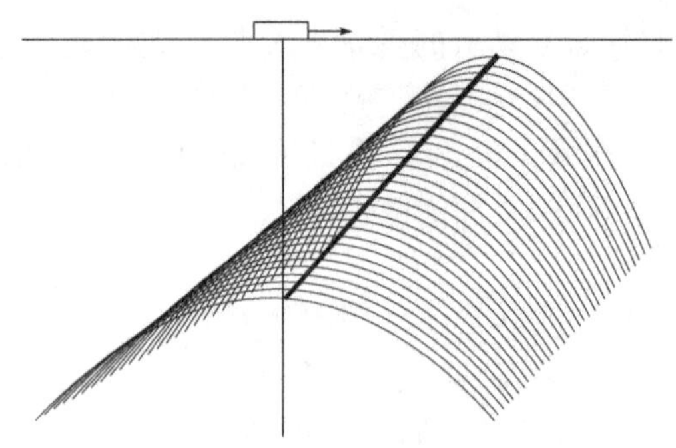

图 7-6　倾斜异常体点元散射叠加原理示意图

7.4.2　保护层中钢筋异常点元的电磁波响应特征

对于钢筋保护层中钢筋其数值模拟和物理模拟如图 7-7 所示，以空气为母体介质，用导体材料来模拟钢筋。假设垂直钢筋上下延伸长度为 40cm，直径为 12cm。数值模拟和物理模拟结果如图 7-8 所示。

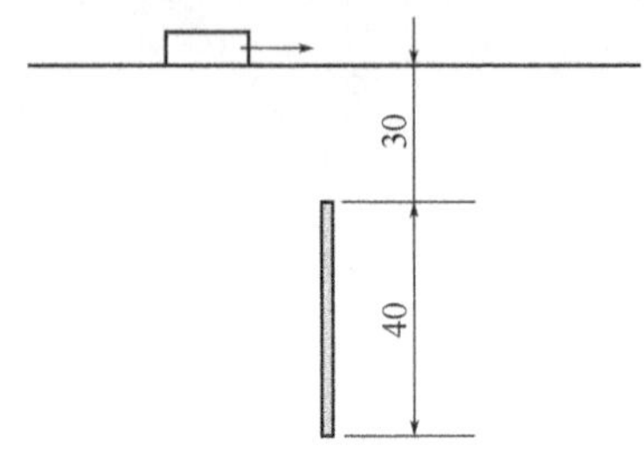

图 7-7　垂直"钢筋"模型(尺寸单位:cm)

从数值模拟结果看，当垂直钢筋的直径较小时，其电磁波响应特征与前面讨论过的点元的电磁波响应特征非常相似，是过垂直钢筋上端点的一条散射双曲线。不同的是，在钢筋的下端点处也有一条双曲线，其开口稍大，相位与前者相反，且幅度较弱。从物理模拟结果看[说明:在图 7-8b)中，我们暂时只考虑深度 1m 以上的部分，因为在进行物理模拟时，钢筋下端点的深度只有 70cm。而深度 1m 以下的异常属于二次散射，后面还要做专门讨论]，上端点的响应特征与细钢筋的类似，但下端点的响应由于受上端点续至波的干扰，已不像数值模拟结果那样能明显看出一条独立的双曲线了。从理论分析和数值模拟结果可以看出:垂直钢筋的上、下端点各对应一条散射双曲线弧，并可以据此判定钢筋的顶、底端位置。虽然下端点的散射波的能量较上端点的弱得多，但作为一种解决问题的研究方向，将来有可能通过某种信息提取方法来突出异常，从而解决钢筋下端点的定位问题。

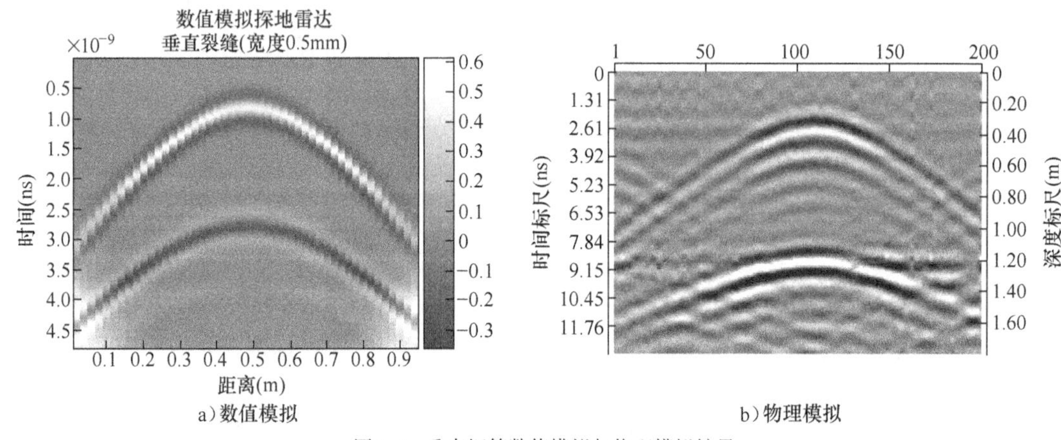

a)数值模拟　　b)物理模拟

图 7-8　垂直钢筋数值模拟与物理模拟结果

将图 7-8b)与图 7-8a)比较(暂不考虑 1m 深度以下的部分)，先撇开振幅大小不谈，但从波形特征上看几乎没有什么差别。这说明，当垂直钢筋的上端点深度固定时，上端点散射波特征对垂直钢筋在垂向上的长度变化不敏感(钢筋顶端散射波振幅与钢筋垂向延深变化的关系说明，只有当垂直钢筋的垂向长度超过一定值——1/2 波长时，该结论才成立；当小于 1/4 波长时，其动力学特征变化非常明显)。将图 7-8b)与图 7-9 比较，最明显的不同是，随着钢筋顶深加大，双曲线的开口变宽了，幅度也减弱了。

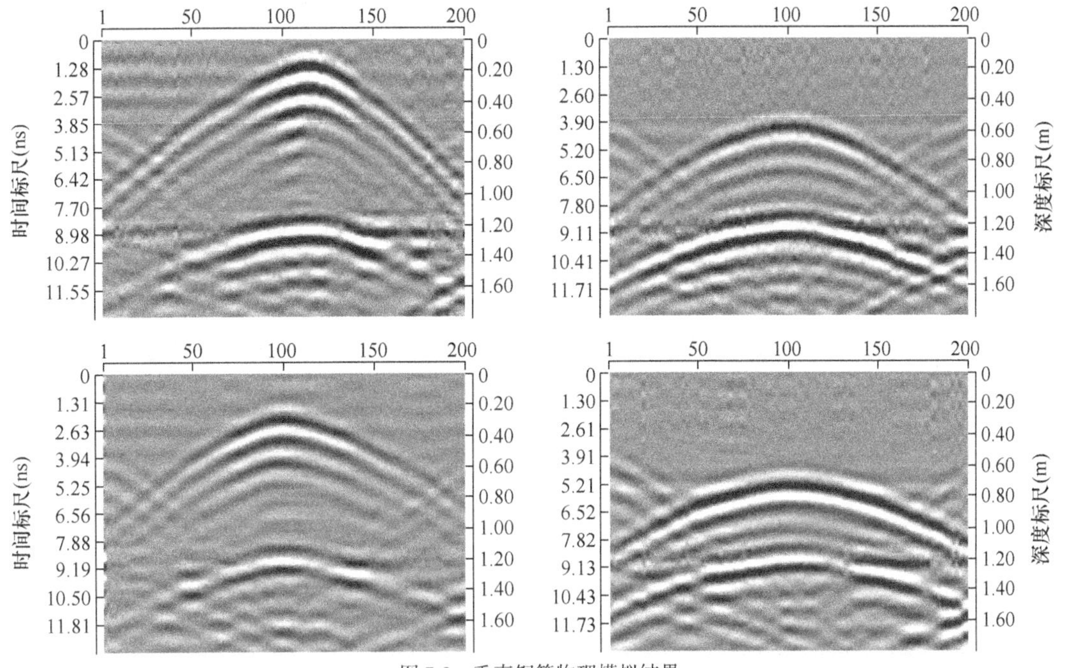

图 7-9 垂直钢筋物理模拟结果

图 7-10 是模拟三个长度为 50cm 的短垂直钢筋在同一水平方向位置进行垂向组合的情况。三个短钢筋的顶深分别为 30cm、50cm、65cm，这类似于图 7-8b)中，在长钢筋的上、中、下各取一小段的情况。将物理模拟结果与图 7-8b)进行对比。前者在双曲线的两翼有较强的幅度，只是局部被削弱，呈叠瓦状；而后者两翼的幅度向两侧衰减很快，只在钢筋附近幅度较大。这是因为对于连续的、垂向尺度较大的垂直钢筋，除上端点产生的双曲线作为首波不会被抵消外，从上端点向下直到下端点，这中间连续部分各点元所产生的散射双曲线经叠加后基本上相互抵消，没有被完全抵消的部分是由于随着深度的变化，各点元双曲线的幅度会有所变化。另外，双曲线的形状也会随深度而变，造成叠加后存在剩余背景。这种剩余背景会随着整体深度的加大而减弱。所以，垂直钢筋的异常为两条双曲线波组，它们分别位于钢筋的顶、底位置，而在钢筋的中部不会有异常显示。

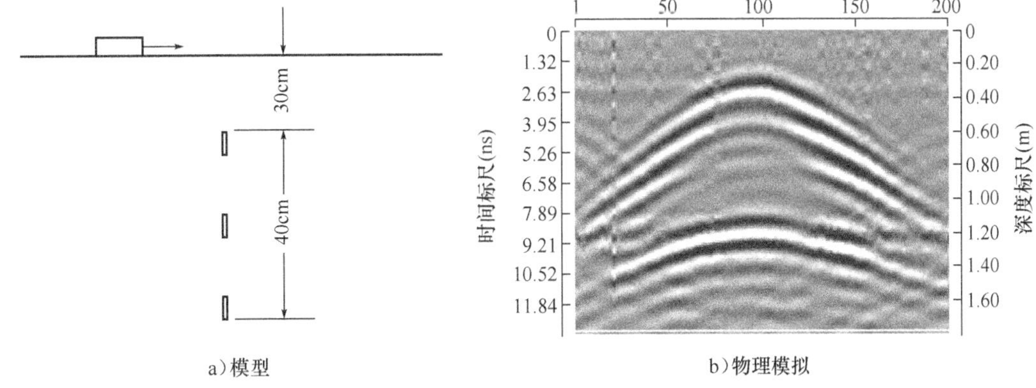

a)模型 b)物理模拟

图 7-10 短垂直钢筋垂向组合物理模拟结果

再来看上面的模拟结果，短钢筋组合的情况相当于长钢筋的中间段存在不均匀的变化，各点元散射双曲线叠加后不能很好地相互抵消，所以就出现了较强的剩余能量。

7.4.3 钢筋保护层中钢筋间距变化异常点元的电磁波响应特征

当垂直钢筋的间距发生变化时，雷达检测到的钢筋异常波场特征必然会随之发生相应的变化。这种变化主要表现在两个方面：运动学特征的变化和动力学特征的变化。对于钢筋，由于其间距的变化量在水平方向上的表现非常微小，相应的其波场特征的变化则主要表现在动力学方面，我们可以注重分析其波场的振幅、相位或频率等与间距变化之间的关系；另一方面，当垂直钢筋的间距较大时，其间距的变化量也可以较大，相应的其波场的运动学特征和动力学特征都有可能发生较大的变化。所以，对于钢筋，我们将从波的运动学和波的动力学两个方面分别加以研究。

为了从整体上把握规律，我们先考虑垂直钢筋间距处于两个极端时的情况：一是非常宽，近似为一层状介质；二是非常窄，间距接近于零。了解了这两种情况后，则垂直钢筋的波场特征与其间距连续变化之间的对应关系必处在这两种情况之间。当两根钢筋贴合时，则假想的垂直钢筋的间距为零；那么，当垂直钢筋间距变化后，选择怎样的一个最小钢筋间距作为研究问题的起点呢？从数值模拟的角度来看，这个最小间距的设定不能小于模拟运算时一个差分网格的间距，但差分网格的间距从理论上讲是可以无限小的。另一方面，考虑到进行数值模拟时的运算时间问题，差分网格也不能选得太小，那样既浪费机时又没有必要。一般情况下，我们会结合雷达子波的波长来设定差分网格的间距，如前所述，可以取模拟子波主波长的1/30，这样算来，对于900MHz的雷达天线，在空气中时其子波的主波长为33cm，取其1/30，为1.1cm，显然，如果实际钢筋的间距能达到11mm的话就是工程的最小极限了。所以，纯粹考虑选择一个最小钢筋间距作为研究问题的起点是没有意义的。以上是从数值模拟的角度进行分析，而对于物理模拟并不复杂，因为在具体工程中要模拟一个间距的钢筋很容易。垂直钢筋的波场特征，特别是动力学特征，不但与其间距有关，还与钢筋的长度、介质参数、雷达波主频等都有关系，牵涉的因素比较多，也较复杂。所以，在讨论这一问题时，我们还是先从理论上进行分析，然后进行数值模拟，最后根据理论分析和数值模拟结果，有代表性地做一些物理模拟试验加以验证。

1）理论分析

理论分析可借助于采用Excel表格构建一个雷克子波，并把它放在表格的第U列中，如图7-11a）所示。图7-11b）为该雷克子波的波形图。子波的主瓣半周期为6（对应半波长为6个长度单位），振幅最大值为5.3。然后假定有一极窄的垂直钢筋，它在垂向上足够长，其底端不会对顶端的散射产生影响，其间距仅1个长度单位，或仅由一个点元组成。当雷达仪器位于该垂直钢筋正上方时，其自激自收得到的钢筋顶部散射波刚好为图7-11b）所示的一个雷克子波。

现在把该钢筋同时向两侧加宽，每次向两侧各增加一个点元，则生成间距依次为包含1、3、5、7……41个点元的21个不同间距的钢筋。当雷达仪器在该钢筋上方采用自激自收方式按每次移动一个点元的步长扫过后，在每个点元的正上方均可接收到对应点元产生的同样的初至雷克子波，这些初至雷克子波群如图7-12所示。

现在以第21个点元为中心，计算不同间距钢筋中点（第21个点元）的雷达波响应曲线。在Excel表格中，以第21列的子波为基准，同时向两侧复制粘贴该子波[图7-11a）]，且每加宽一列，子波起点向下错动一行，代表偏离中点的点元产生的散射子波在到达时间上滞后一个时间单位（每一行代表一个时间单位——1/6主瓣半周期长度）。以第21列为中心，根据电磁波的叠加原理,对间距分别为 1、3、5、……、41 个点元的钢筋在 Excel 表格中进行横向求和,得到不同间距钢筋顶端中点处的雷达散射波波形图。

Q	R	S	T	U	V	W	X	Y
				0				
			0	−0.6	0			
		0	−0.6	−1.5	−0.6	0		
	0	−0.6	−1.5	−1.6	−1.5	−0.6	0	
0	−0.6	−1.5	−1.6	−1.5	−1.6	−1.5	−0.6	0
−0.6	−1.5	−1.6	−1.5	0	−1.5	−1.6	−1.5	−0.6
−1.5	−1.6	−1.5	0	5.5	0	1.5	−1.6	−1.5
−1.6	−1.5	0	5.5	4.2	5.5	0	−1.5	−1.6
−1.5	0	5.5	4.2	6.5	4.2	5.5	0	−1.5
0	5.5	4.2	6.5	4.2	6.5	4.2	5.5	0
5.5	4.2	6.5	4.2	5.5	4.2	6.5	4.2	5.5
4.2	6.5	4.2	5.5	0	5.5	4.2	6.5	4.2
6.5	4.2	5.5	0	−1.5	0	5.5	4.2	6.5
4.2	5.5	0	−1.5	−1.5	−1.5	0	5.5	4.2
5.5	0	−1.5	−1.6	−1.6	−1.6	−1.5	0	5.5
0	−1.5	−1.6	−1.5	−0.6	−1.5	−1.6	−1.5	0
−1.5	−1.6	−1.5	−0.6	0	−0.6	−1.5	−1.6	−1.5
−1.6	−1.5	−0.6	0		0	−0.6	−1.5	−1.6
−1.5	−0.6	0				0	−0.6	−1.5
−0.6	0						0	−0.6
0								0

a)

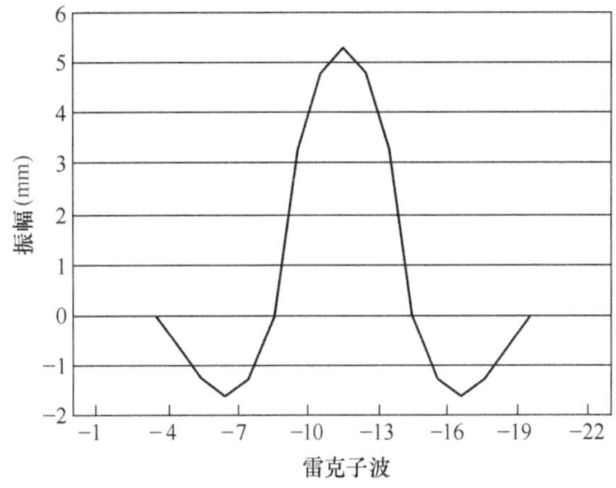

b)

图 7-11　采用电子表格构建的雷克子波及其波形图

一个宽度由41个点元组成的钢筋顶端形成的散射子波群

图 7-12　波群

l-波长

对不同间距钢筋顶端中点散射波提取振幅最大值并绘制振幅随钢筋间距变化的关系曲线如图 7-13 所示。从该曲线可以看出,当钢筋间距约等于雷克子波的一个视波长(12)时,振幅达到极大值,超过一个视波长后首先衰减,然后趋于一个稳定值。将钢筋中心点的散射子波与振幅达到最大值时钢筋顶部端点的一个子波抽出绘于图 7-14,可见,两个子波的主瓣刚好处于分离点上。当钢筋间距小于该值时,位于这两个子波之间的所有散射子波均相干加强;当钢筋间距大于该值时,超出该间距的散射子波会使中心点的散射波削减;当钢筋间距超过一定值后,对钢筋中点散射波的振幅不再有影响。

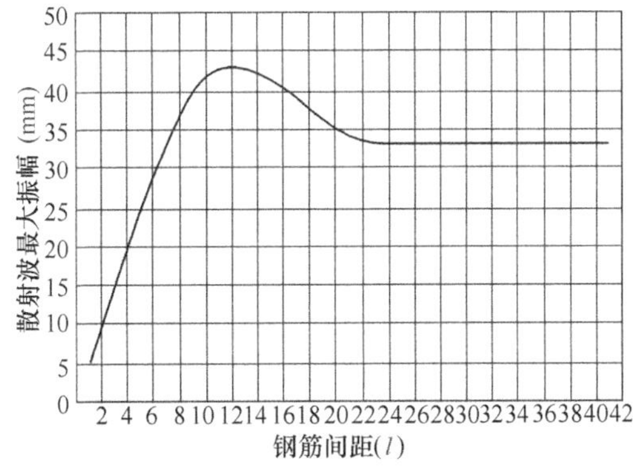

图 7-13　钢筋顶端中点散射波最大振幅与钢筋间距的关系

l-波长

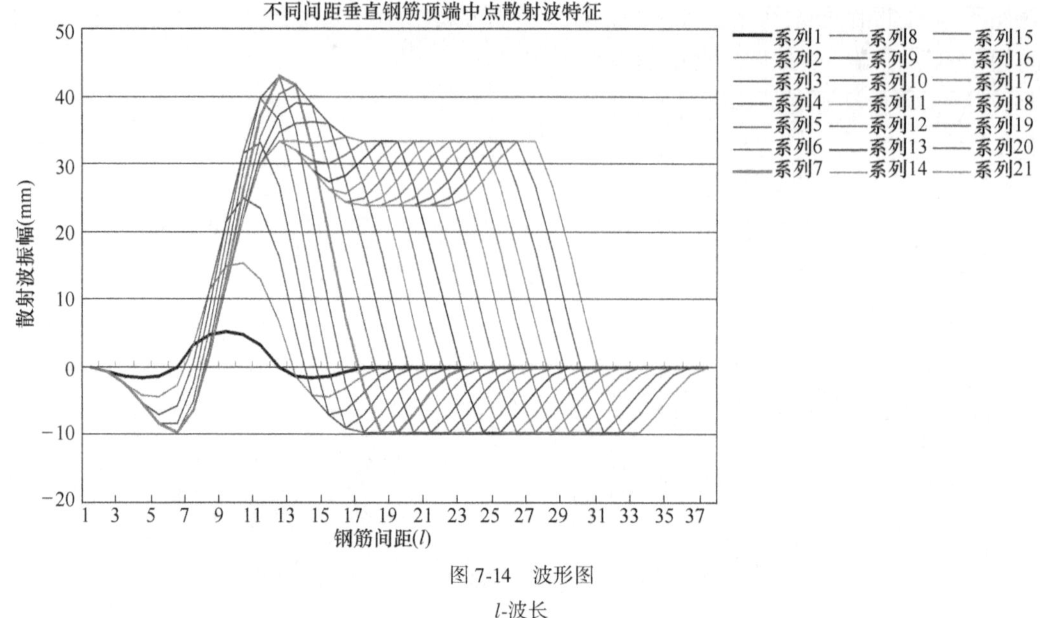

图 7-14 波形图

l-波长

从图 7-14 中可以看出,当钢筋的间距小于一个子波的视波长时,钢筋顶部中点散射波振幅随钢筋间距呈近似过原点的直线关系变化,这点对于我们从定量的角度来分析探地雷达检测垂直钢筋间距非常重要。

2)数值模拟

下面通过数值模拟来讨论垂直钢筋顶端散射波特征与钢筋间距变化的关系。

根据上面理论分析结果,我们先选择两个间距分别为大于和约等于一个非涅耳带间距的钢筋作为模拟的起点,如间距为 10cm 和 5cm 的两条垂直钢筋,以观察波场特征的变化趋势。取母体介质的相对介电常数为 4(混凝土的介电常数为 4~7),钢筋由空气充填,相对介电常数为 1,模型总宽 2. 5m,高度 0. 65m,两个垂直钢筋长度分别为 1m 和 0. 5m,钢筋顶深 0. 2m,如图 7-15 所示。

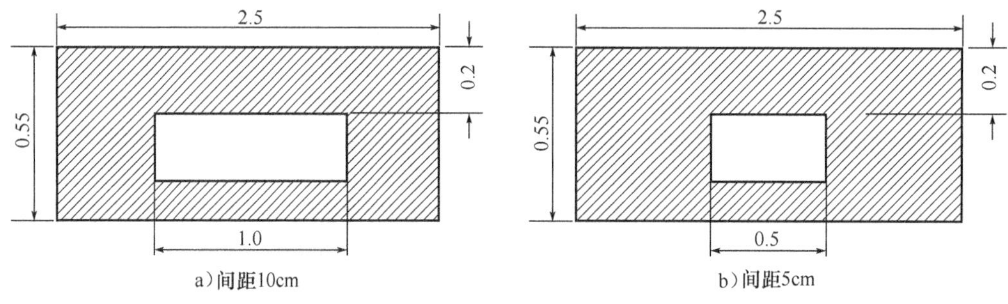

图 7-15 垂直钢筋模型(尺寸单位:m)

上述模型的数值模拟结果见图 7-16。从模拟剖面看,当钢筋的间距很大时,暂时撇开钢筋两端的特殊情况不考虑,只考虑中间段,这时整个模型可等效为三层介质:上、下两层为母体介质,中间为空气层。从模拟剖面可以看到,在钢筋的顶、底均存在横向上幅度稳定的反射同相轴,这也可以帮助我们理解前面讨论中得到的关于垂直钢筋的一些结论:前面所说的垂直钢筋其实也可以看成是有限间距的层状介质在钢筋间距非常小时的特殊情况。层状介质只要是均匀的,除顶底界面外,内部产生的散射被完全抵消,所以,我们在垂直钢筋的中部看不到散射异常；对于层状介质，不但其顶界面可以产生有效散射，其底界面同样也能产生有效散射，所以，在垂直钢筋的底端也存在一条散射双曲线，只是标志顶和底的散射波相位刚好翻转180°。这样，从这一角度更加深了我们对垂直钢筋波场特征的认识。

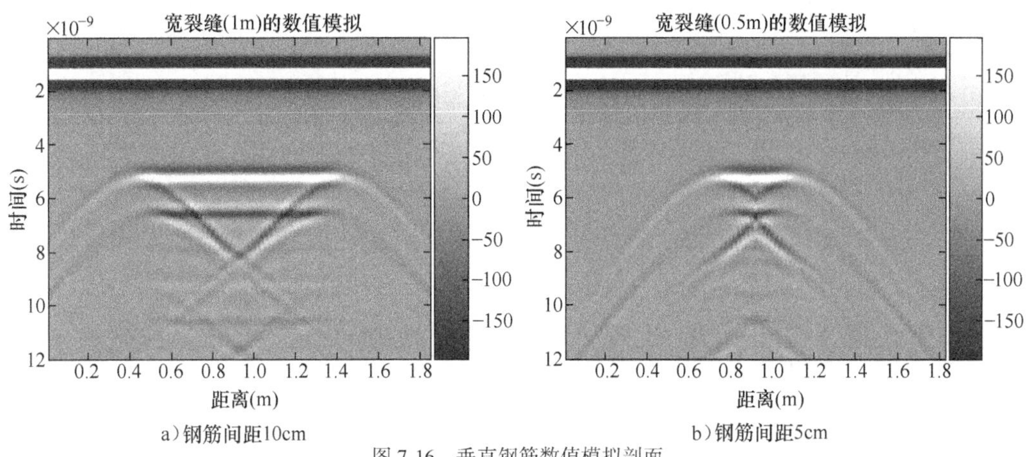

a）钢筋间距10cm　　b）钢筋间距5cm

图7-16　垂直钢筋数值模拟剖面

从图7-16a）中可以看出，钢筋的中间段顶、底散射波形特征在横向上保持稳定，其幅度的大小取决于分界面上、下介质介电常数的差异、界面的埋深、雷达波发射的强度等，而钢筋的两端顶、底位置各附着有一支双曲线，它是钢筋的两个垂直界面上的点元对雷达波散射的结果。仔细观察，不难发现每支双曲线波组的左右半支相位刚好相反，这是因为，若把垂直钢筋的侧壁看作两种不同介质的分界面时，雷达波从左、右不同方向入射，反射系数刚好相反的缘故。为了研究双曲线波组在水平方向上的动力学特征的变化规律，我们对5cm间距钢筋顶端的反射波或散射波同相轴的最大振幅值绘制振幅在水平方向上的变化曲线，如图7-17所示（为使研究简化，我们只考虑钢筋顶部的情况，而研究的结果也同样适用于底部）。从图中可以看出，钢筋顶端反射波的最大振幅在中间段保持稳定不变，到两端时各先出现一个峰，再向外侧则急剧衰减。可见，当钢筋的间距小于10cm时，图中振幅曲线的两个峰将开始合龙。

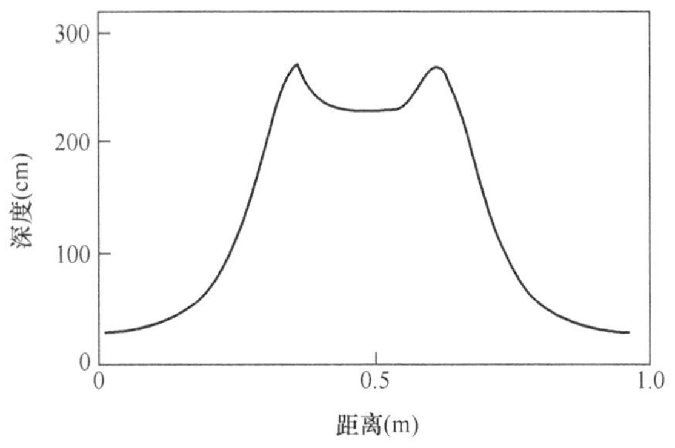

图7-17　垂直钢筋顶端散射波最大幅度横向变化曲线

3）物理模拟

图7-18为不同间距垂直钢筋对900MHz雷达波响应的波场特征剖面。

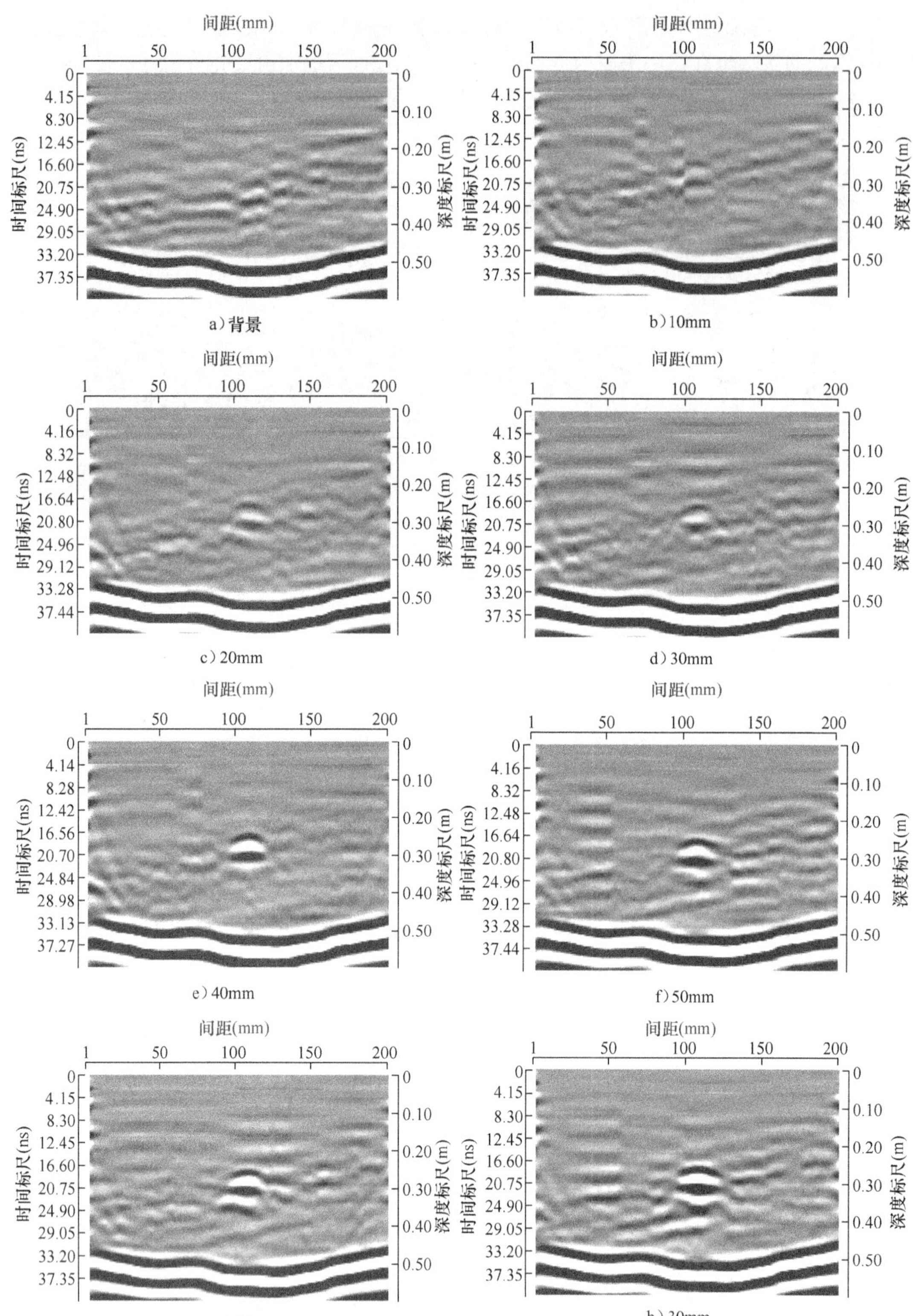

a）背景　b）10mm

c）20mm　d）30mm

e）40mm　f）50mm

g）60mm　h）30mm

图 7-18　不同钢筋间距的雷达波响应物理模拟剖面

从物理模拟剖面可以看出：

（1）随着钢筋间距由窄变宽，剖面上钢筋异常的强度逐渐增大，续至波相位逐渐增多。

(2)当钢筋异常强度超过一定值后，在波形图上，异常的正负相位均超调(被削波)，灰度剖面上异常显示为纯白(正相位)和纯黑(负相位)相间的斑马图案特征；这是由于雷克子波的带宽较窄导致续至相位较多，仪器的记录和显示动态范围不足导致强异常信号被削波造成的。

(3)钢筋异常的两翼被严重衰减，只剩下中间能量较强的部分。

以上特征是采用探地雷达检测垂直钢筋时识别钢筋和判定钢筋间距相对大小的主要依据，钢筋间距越宽，能量越强，斑马图案越突出。在实际检测中，对于多层介质的情况(如公路层状结构)，由介质分界面产生的钢筋多次波也表现为这种特征明显的斑马图案，它与一次散射波共同形成上、下连续的钢筋斑马条，是判别钢筋是否存在的明显标志。

(4)雷达波主频变化的影响。

当雷达波的主频发生变化时，上述垂直钢筋顶端散射波振幅随间距变化的基本关系不会发生改变，第一菲涅耳带的间距会随之雷达波主波长的变化而变化，主频越高，第一菲涅耳带的间距越小；反之，主频越低，第一菲涅耳带的间距越大。第一菲涅耳带间距的大小意味着探地雷达天线对地下目标物在横向上变化反应敏感的横向尺度的大小。另外，天线主频的高低还影响到探测深度，主频越低，探测深度越大，对深部的钢筋的探测能力就越强。图 7-19 和图 7-20 是采用 450MHz 主频的天线对顶深为 20cm，不同间距钢筋进行数值模拟的例子。

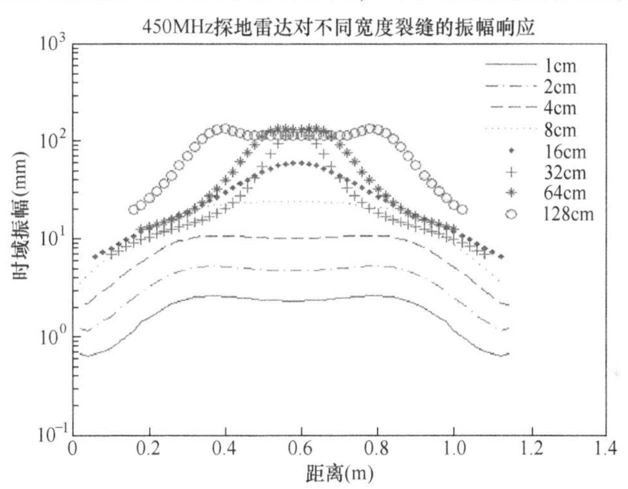

图 7-19　不同间距垂直钢筋顶端散射波最大振幅在横向上的变化曲线(450MHz)

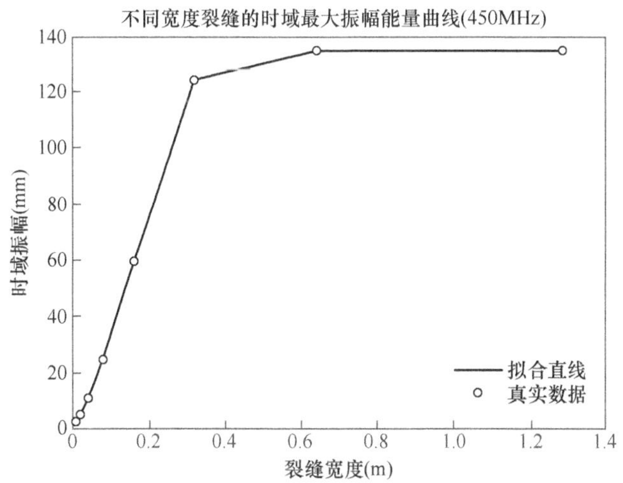

图 7-20　垂直钢筋顶端散射波最大振幅与钢筋间距变化的关系曲线(450MHz)

从图7-19和图7-20的曲线可以看出,虽然天线主频降低了,但钢筋顶端散射波振幅最大值随钢筋间距变化的关系依然没有改变。特别是当钢筋间距小于第一菲涅耳带间距的一半时,前述的近似过原点的一条直线的对应关系尤为明显。

所以,探地雷达天线的主频与第一菲涅耳带的间距和探测深度相关。

7.5 探地雷达钢筋保护层厚度无损检测仪开发

7.5.1 钢筋保护层厚度检测现状及问题

目前造成钢筋保护层厚度控制困难的主要原因是施工中无法对钢筋保护层厚度进行精确检测,目前的钢筋保护层厚度无损检测技术、检测仪器均为成品质量检测技术,缺乏施工中质量过程控制的检测技术。也就是说,目前对钢筋混凝土保护层厚度的无损检测均是"验尸"型检测,没有做到过程控制。

目前对钢筋保护层厚度施工中的检测均是采用人工,模板安装后用钢尺、卡尺检测钢筋保护层厚度,存在人为因素高、精度低、检测频率低、检测覆盖面小等问题。

为解决上述问题,本书通过对探地雷达与钢筋保护层中钢筋异常点元的电磁波响应特征、保护层中钢筋间距变化异常点元的电磁波响应特征、模板异常点元的电磁波响应特征进行研究,研发了探地雷达钢筋保护层厚度无损检测仪。

7.5.2 钢筋保护层厚度无损检测仪工作原理

地质雷达工作时,在主机控制下,脉冲源产生周期性的毫微秒信号,并直接反馈给发射天线。经由发射天线耦合到地下的信号,在传播路径上遇到介质的非均匀体则产生反射信号,反射系数和波速主要取决于介质的介电常数。

相比而言,空气的相对介电常数为1,较小,而水的相对介电常数为81,较大,其他介质的相对介电常数基本处于这二者之间。电磁波由空气进入非空气介质或由非空气介质进入空气介质,均会产生强反射。如混凝土介质的介电常数约为6,与空气介质的介电特性有较大差别。当电磁波检测钢筋保护层厚度时,电磁波先穿过模板,再进入混凝土,然后穿过钢筋,再次进入混凝土后依次穿过钢筋、混凝土、模板。在这个过程中,电磁波穿过不同的介质时由于介电常数的不同,雷达信号就会被反射,测试回波信号的幅度会发生明显变化,在雷达检测剖面上形成明显的异常。

1)电磁波穿过单根钢筋

当电磁波穿过单根钢筋(穿过模板时相当于穿过细钢筋)时,异常点元的电磁波响应特征见图7-21。

2)电磁波穿过两根钢筋

当电磁波穿过两根钢筋(穿过模板和钢筋时相当于穿过一根细钢筋和一根粗钢筋),异常点元的电磁波响应特征见图7-22。

3)电磁波斜穿模板

当电磁波斜穿模板时,异常点元的电磁波响应特征见图7-23。

应用探地雷达技术,根据电磁波穿过单根钢筋、电磁波穿过两根钢筋、电磁波斜穿模板时异常点元的电磁波响应特征,得到电磁波穿过模板、混凝土、钢筋的数学模型及其雷达波响应数值模拟剖面图。利用软件对剖面图进行分析,识别不同钢筋的间距、钢筋与模板的间距,进而计算出钢筋保护层厚度。

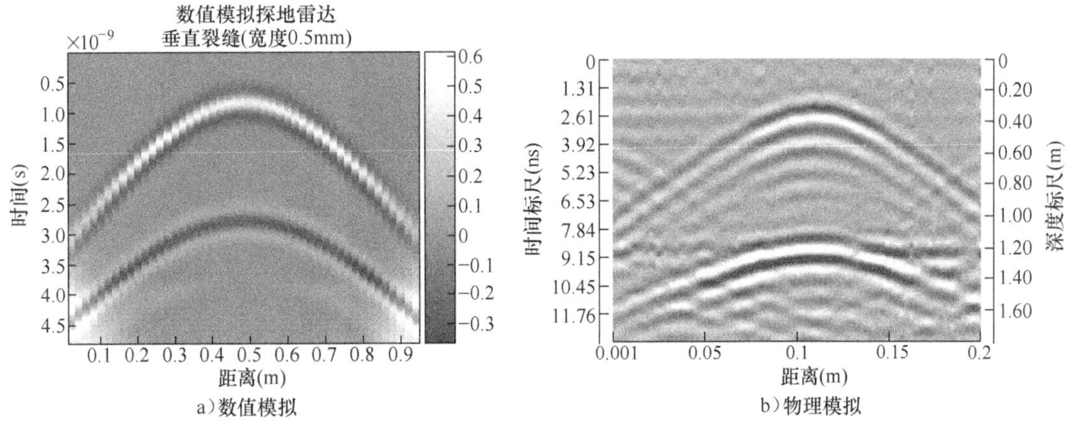

a)数值模拟　　b)物理模拟

图 7-21　电磁波穿过单根钢筋时异常点元的电磁波响应特征

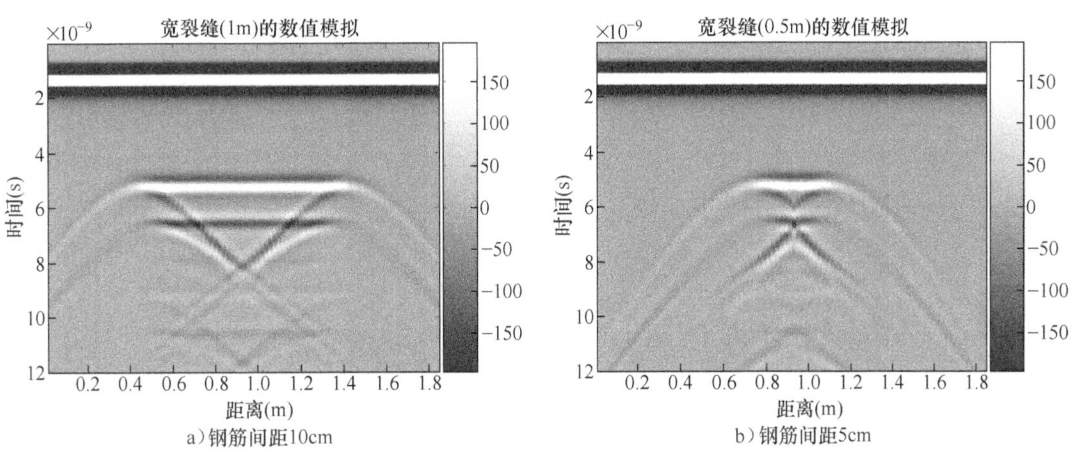

a)钢筋间距10cm　　b)钢筋间距5cm

图 7-22　电磁波穿过两根钢筋时异常点元的电磁波响应特征

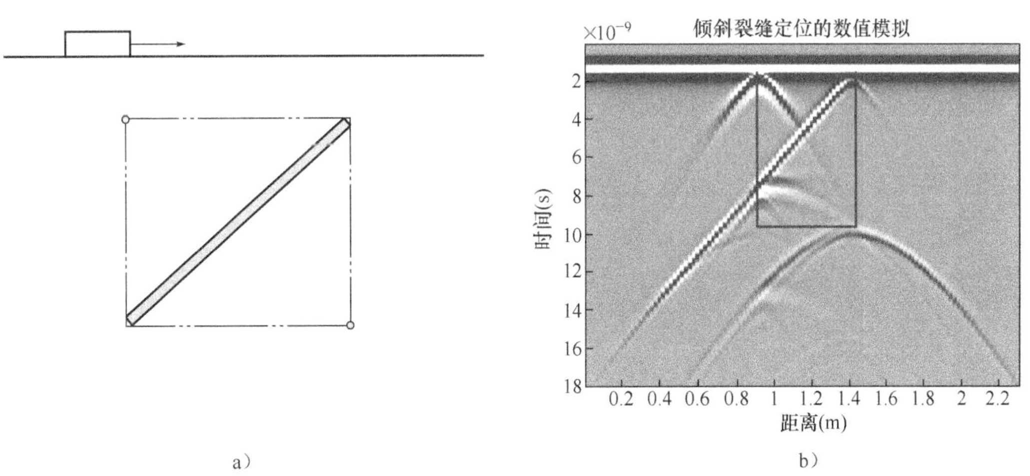

a)　　b)

图 7-23　电磁波斜穿模板时异常点元的电磁波响应特征

7.5.3 钢筋保护层厚度无损检测仪构造

本书介绍了外购硬件(图 7-24)、自编软件的开发方式。

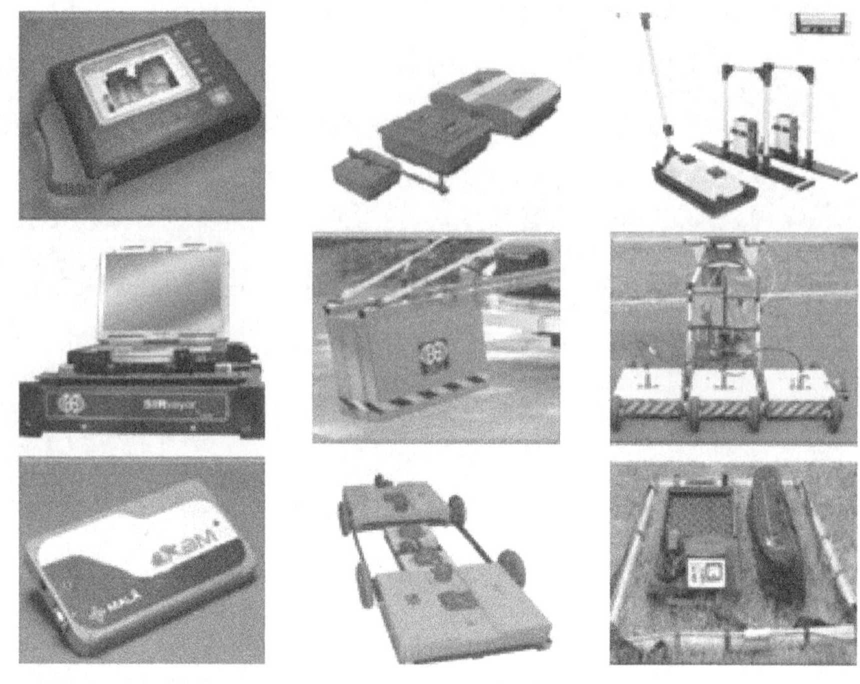

图 7-24 仪器组成

钢筋保护层厚度无损检测仪主要由天线、主机和变形导轨架组成。天线采用高频天线;主机由数据采集系统、信息处理系统、图像识别解译系统组成;变形导轨架由多节柔性杆、柔性导轨、变形框架组成,变形导轨架可组成长方体、圆柱体、四边体、多边体等,将天线安装在导轨上用于检测圆形立柱、方形立柱、梁体、墩体、面体的钢筋保护层厚度无损检测。

本仪器既可以在施工中检测钢筋保护层厚度,也可以在施工结束时检测钢筋保护层厚度。也可以单独检测结构物的钢筋布置是否合理、数量是否足够及结构物外观尺寸是否满足要求、某一结构层的尺寸是否满足要求等。

7.5.4 钢筋保护层厚度无损检测仪使用

钢筋保护层厚度无损检测仪工作步骤见图 7-25。

1)数据采集

数据采集方式见图 7-26。

现场数据采集是雷达检测最重要的部分,它关系到处理分析解释的顺利进行,决定了检测成果的准确性。

现场检测过程中,必须注意以下几点,以保证检测数据的合理性和真实性:

(1)密切注意雷达图像的变化,对图像异常段做好记录,必要时进行复检或加密检测。

(2)控制天线耦合情况,保证天线密贴检测面,减少天线晃动。

(3)保证检测天线平稳匀速直线行进,避免不必要的绕行。

(4)记录应包括测线号、方向、标记间隔、天线频率等。

(5)应随时记录可能对检测产生电磁影响的物体形态及其位置。

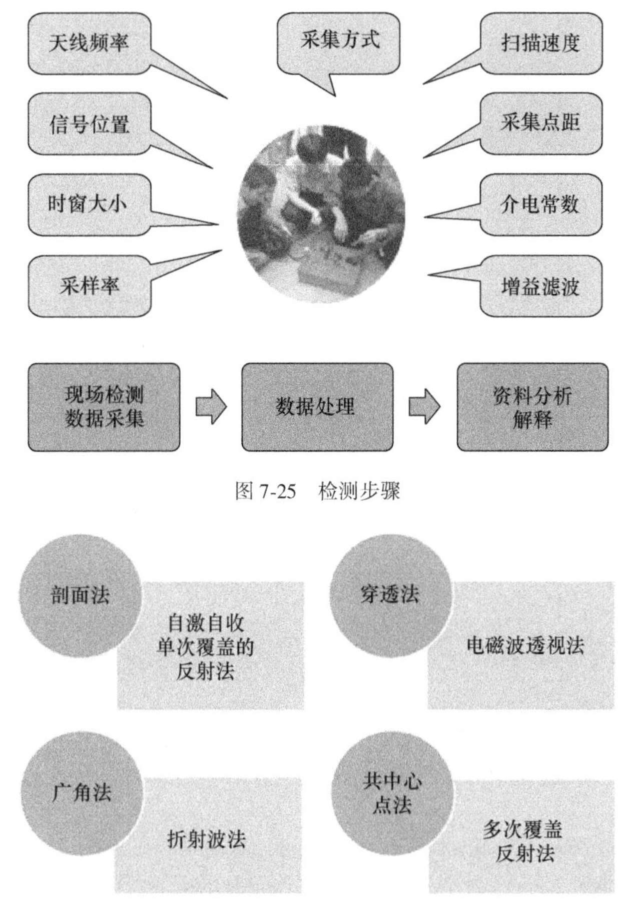

图 7-25　检测步骤

图 7-26　数据采集方式

2)信息处理

信息处理见图 7-27。

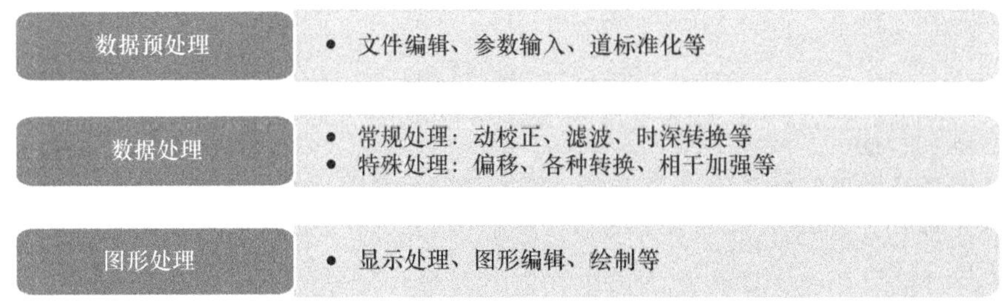

图 7-27　信息处理

探地雷达数据处理是一项复杂且耗时的重要工作，在原始记录数据可靠的前提下，能否获得用于地质推断的高质量深度剖面，关键在于所用处理系统的先进性，以及处理人员对于物探方法原理、物探采集仪器及处理系统掌握的熟练程度和对勘探目标体物理属性的理解。

数据处理是使用各种处理方法来压制干扰信号，提高有效波信息，获取反映地下介质的真实情况，得到图像清晰的深度剖面。

图 7-28 为雷达信号处理前后对比图。图 7-28a)为处理前信号,由于有干扰信息的存在图像杂乱;图 7-28b)为处理后的信号,通过过滤和提取等方法对信息进行处理后,图像规律明显。

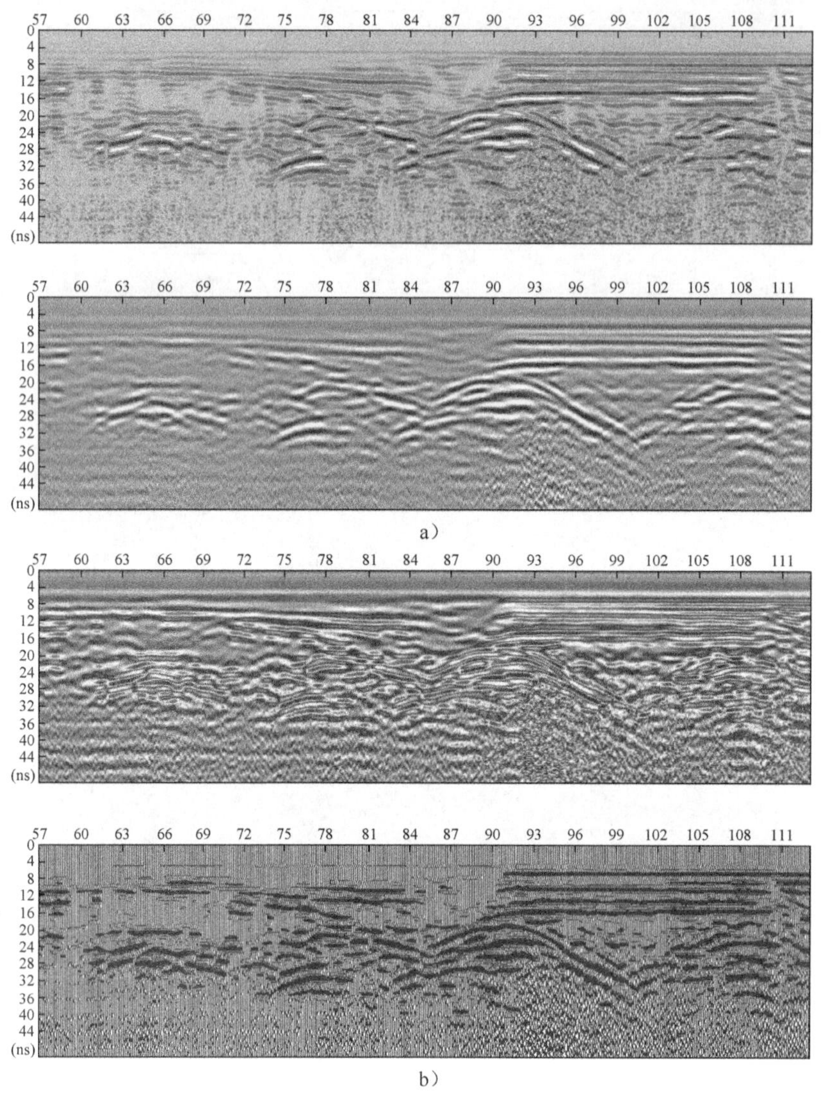

图 7-28 处理前后对比图

3)图像识别解译

图像识别解译包括智能法和人工目视判断法两种,如图 7-29 所示。

资料解释是对经数据处理后的地质雷达深度剖面的运动学和动力学特征进行综合地质推断、解释和异常圈定,它是最终反映地质雷达检测效果与精度的关键步骤。

地质雷达时间剖面上的特征往往不是孤立的,即有时几种特征同时存在,只是有的特征更突出,有的特征不明显,这就需要解释人员除对区域地质条件充分了解外,关键在于对雷达波组的认识程度和判断经验,解释人员必须具有丰富的实践和解释经验,从而去伪存真,得到更准确的地质信息。

钢筋保护层厚度检测信号在剖面上特征相位表现为规则的双曲线形状,并且在顶端振幅明显增强,两翼逐渐变弱,如图 7-30 所示。

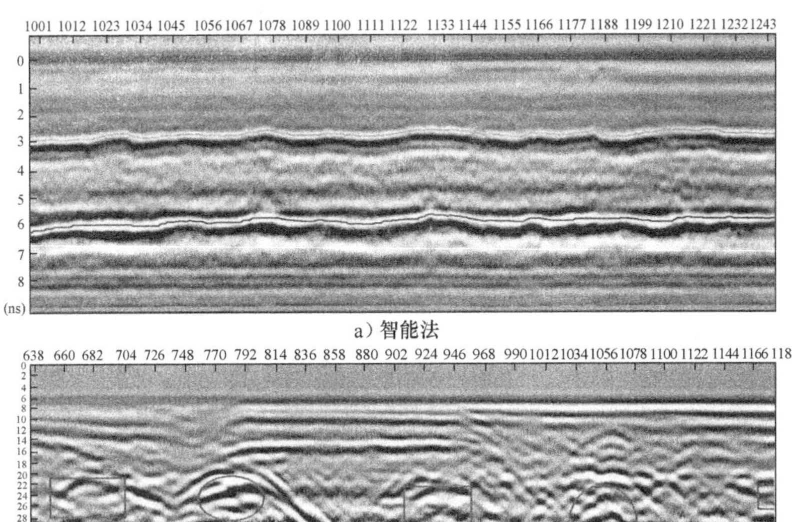

a）智能法

b）人工目视判读法

图 7-29　图像识别解译

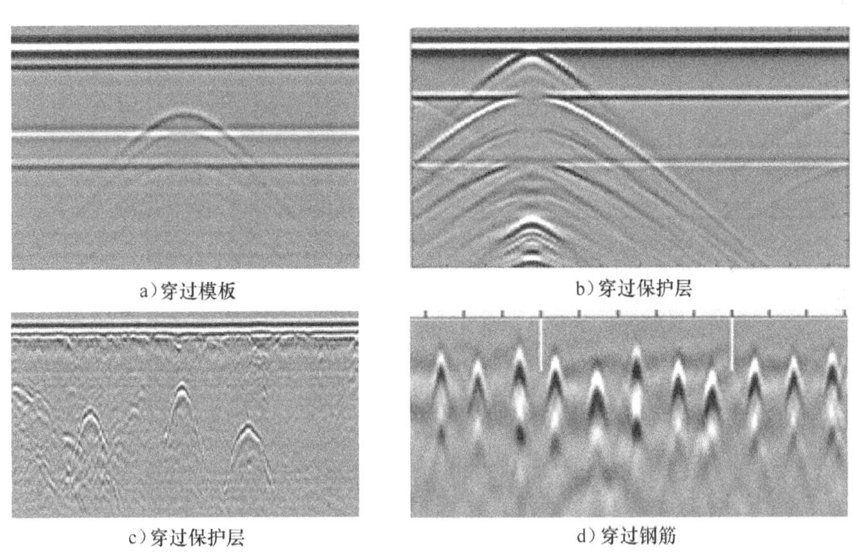

a）穿过模板

b）穿过保护层

c）穿过保护层

d）穿过钢筋

图 7-30　钢筋混凝土保护层厚度检测信号

7.6　钢筋保护层厚度探地雷达无损检测方法

7.6.1　检测仪器及设备

(1)探地雷达主机技术指标应符合下列规定：

①系统增益不应低于 120dB。

②信噪比不应低于 60dB。

③模数转换不应低于12位。

④信号叠加次数应可选择。

⑤采样间隔不宜大于0.5ns。

⑥实时滤波功能可选择。

⑦应具有点测与连续测量功能。

⑧应具有手动或自动位置标记功能。

⑨应具有现场数据处理功能。

(2)探地雷达天线宜采用不同频率的组合天线，技术指标应符合下列规定：

①应具有屏蔽功能。

②最大探测深度应大于2m。

③垂直分辨率应高于1mm。

(3)探地雷达工作环境应符合下列规定：

①工作环境温度应为-10~40℃。

②工作环境湿度应小于90%。

7.6.2 现场检测

(1)检测前的准备应符合下列规定：

①检测前应对被检工程进行现场调查，搜集设计、施工资料，了解工作条件及环境安全状况。

②应调查施工过程中特殊施工位置，记录结构物位置和影响检测工作障碍物和电磁干扰源的位置。

③应调查结构物种类，并记录其位置和类型。

④检测前应正确连接雷达系统，并在检测前进行试运行。

⑤检测前应准确标记检测起始位置及测线位置。

⑥测量轮连续采集时应保持测量轮随导轨运转良好，计程准确。

⑦检测现场应由专人负责安全。

(2)测点布置应符合下列规定：

①测点布置应以天线垂直对模板布线为主，天线斜向对模板布线为辅。

②在高度上每0.5m布设一个测周。测周可选择正圆周或螺旋周。

③每周应选取测点不少于15个，特殊位置或特殊结构可适当加密测点。

④测点的选择在系统中应标记清晰。

(3)介质参数标定应符合下列规定：

①检测前应对结构物的介电常数或电磁波速做现场标定，每同类道结构物不宜少于3处，取平均值为该结构物的介电常数或电磁波速。当检测结构物体积较大时应适当增加标定点数。

②标定宜采用钻孔实测方法，标定记录中的界面反射信号应清晰准确。

③标定结果应按下式计算：

$$\varepsilon = \left(\frac{0.3t}{2d}\right)^2 \tag{7-2}$$

$$v = \frac{2d}{t} \times 10^9 \tag{7-3}$$

式中：ε——相对介电常数；

v——电磁波速(m/s)；

t——双程旅行时间(ns)；

d——标定目标体厚度或距离(m)。

(4)现场参数应根据检测目标体特征而设定，检测参数应包括中心频率、时窗、采样率、测点点距等。现场检测参数设定应符合下列规定。

①天线中心频率应按下式计算：

$$f = \frac{150}{x\sqrt{\varepsilon}} \tag{7-4}$$

式中：f——天线中心频率(MHz)；

x——要求的空间分辨率；

ε——相对介电常数。

②时窗应按下式计算：

$$T = 1.3 \times \frac{2d}{v} \tag{7-5}$$

式中：T——时窗长度(ns)；

d——目标体厚度或距离(m)；

v——电磁波速(m/s)。

③采样率应满足奈奎斯特采样定律，采样率不宜小于天线中心频率的6倍。

④测量点距应满足每个目标体有不少于5条以上的扫描道通过。

⑤距离记录方式宜采用测量轮在导轨上连续测量采集方式，特殊情况时可采用点测方式。

⑥当使用分离式天线时，天线间距应按下式计算：

$$s = \frac{2d}{\sqrt{\varepsilon}} \tag{7-6}$$

式中：s——天线间距(MHz)；

d——目标体厚度或距离(m)；

ε——相对介电常数。

(5)现场检测应符合下列规定：

①检测时，检测天线应平稳、匀速、呈直线形式行进。

②检测时移动速度应控制在以不丢失采集数据为准，不宜太快。

③当雷达图像变化时，应对图像异常段进行记录，必要时应进行复检或加密检测。

④应随时记录可能对测量产生电磁影响的物体形态及其位置。

⑤检测记录应包括测点位置(坐标)、编号、天线移动方向、标记间隔、天线类型以及异常描述等。

7.6.3　数据处理与分析

(1)原始数据处理前应检查原始数据的完整性、信号的清晰度、里程记录的准确度。不合格的原始数据不得进行处理与解释。

(2)当外业原始记录有下列情况之一时，资料应作废、重新采集：

①测点、测程、测点坐标混淆不清。

②干扰背景强烈，妨碍有效波的识别。

③不能可靠采集有效波。

(3)数据处理与解释软件应使用正式认证或经标定合格的软件。

(4)应正确选择处理参数,处理参数应能有效压制干扰信号,提高信噪比,真实反映地下介质的情况,获取清晰的处理剖面。

(5)处理后的资料中,测点位置(坐标)标记应准确无误。

7.6.4 资料解释

(1)资料解释应在掌握测区内物性参数和结构物设计要求的基础上,应按由已知到未知和定性指导定量的原则进行。

(2)应根据现场记录,分析可能存在的干扰体位置与雷达记录中异常的关系,准确区分有效异常与干扰异常。

(3)应准确读取双程旅行时的数据。

(4)结构物界面应根据反射信号的强弱、频率变化及延伸情况确定。

(5)雷达数据解释完后,应现场打孔验证。

(6)解释结果和成果应符合结构物钢筋混凝土保护层厚度质量检测要求。

7.6.5 评价报告

(1)检测工作完成后,应编制探地雷达检测报告。报告应由说明书、图件和附件组成。

(2)检测报告应准确、完整,数据应真实、齐全。内容应包括:检测项目、检测方法、采用的仪器和设备、工作布置、工作量、检测数量、结构物、检测结果、资料处理和解释、检测结果验证分析、结论等。

(3)报告主要图表应包括下列内容:

①测点布置图,含测点的位置、方向和测程等。

②探地雷达时间剖面图像。

③探地雷达深度剖面图像。

④综合解释断面图。

⑤检测结果及评价表。

⑥不合格点位分布统计表和分布图。

(4)报告附件应包括如下内容:

①原始记录。

②原始数据(仪器原始数据应转换为标准物探格式)。

③检测影像资料及电子文档等。

第8章　技术应用

8.1　立柱球面垫块应用

8.1.1　应用背景

为了进一步提升工程建设质量，消除质量通病，确保在工程建设中全面推行工程建设的程序化、规范化、精细化管理，创建品质化工程，在业主公司质安处和总监办的指导帮助下，淮信高速公路5标段决定将立柱保护层通病防治的创新作为主攻项目。

墩柱的施工工艺比较简单，多为先行加工安装钢筋，后采用定型钢模板控制墩柱的几何尺寸，浇筑混凝土并振捣密实，根据环境采用合适的养生措施。影响墩柱钢筋保护层厚度的因素有很多，从工序上看，主要有以下几方面原因：

(1)墩柱钢筋加工安装

墩柱钢筋一般设计为竖向受力主筋按照一定间距焊接固定到环向骨架钢筋上，在主筋外侧按照一定间距盘绕螺旋形箍筋。因此，控制墩柱钢筋笼的几何尺寸的关键在于控制环向骨架钢筋的几何尺寸。钢筋笼滚焊机未推广之前，现场加工工人很难准确把握环形骨架钢筋的半径，目前项目部已投入钢筋笼滚焊机加工墩柱钢筋，保证了环形骨架钢筋的半径。

(2)墩柱模板加工与安装

圆形墩柱为异形结构物，需要加工制作定型模板，在墩柱定型钢模板设计、加工制作时要控制模板的几何尺寸。模板设计一方面保证构件的几何尺寸，同时考虑模板的周转次数，进行相应的刚度设计；定型钢模板在起吊、运输、使用时需要考虑模板的承载情况，确保使用过程中模板不变形。

定型模板安装完毕后采用缆风绳固定，在混凝土未浇筑前模板与钢筋之间存在缝隙，墩柱钢筋笼和模板为竖向受力，稍微受到横向力时会改变钢筋笼与模板之间的尺寸，导致保护层达不到要求，于是出现了在钢筋笼上绑扎砂浆垫块来保证钢筋笼与模板之间的距离，以确保钢筋保护层达到规范要求。

(3)混凝土浇筑

混凝土浇筑工艺直接影响到已经调整并加固完毕的钢筋及模板，如下料方式不当容易造成钢筋与模板间垫块脱离位置，振捣人员振捣方式不当容易引起钢筋整体晃动并导致位置偏移，振捣棒插入位置不当容易导致钢筋移位。

目前项目部已投入钢筋笼滚焊机加工设备，能够有效控制墩柱钢筋骨架的尺寸。模板采用全新的钢模板，在模板出厂前经过严格的测试，定型钢模板几何尺寸、刚度完全满足要求。混凝土浇筑方面，已采用升降安全爬梯，在墩柱模板安装完毕后，施工人员不会攀爬，从而减少对模板位置的影响。鉴于目前市场上的砂浆垫块强度低、易碎，采用扎丝绑扎容易脱落，很难保证钢筋与模板的距离。

综上所述,控制钢筋保护层厚度的总体工作思路是在严格控制钢筋及模板平面位置、几何尺寸的基础上控制钢筋与模板的距离,并使钢筋、模板及相应的固定设施(垫块、模板固定支架及拉索)形成一个整体,在浇筑混凝土过程中避免破坏钢筋、模板的整体性,从而保证钢筋保护层厚度在控制范围内。遵照这一思路,结合目前已投入的设备,确定对钢筋笼保护层垫块进行针对性研究与改进。

8.1.2 垫块设计

(1)垫块材料的确定

经过前面的讨论与分析,目前市面上的砂浆垫块强度在7~10MPa之间,强度远远达不到要求,同时容易破碎。针对这一问题,项目部实验室先后通过调整砂浆比例、添加化学试剂以及采用水泥浆等各种试验最终确定采用以下材料进行调制:

水泥:水泥采用P. O. 42. 5同力(高强度等级)水泥;

特殊砂浆料:其细度模数为2. 65;

水:饮用水。

可以根据调整三种原材料的配合比,从而调整新型垫块混凝土强度,使其与当前结构的混凝土强度保持一致。目前项目部实验室确定的配合比在2h内砂浆强度可以达到30MPa,完全满足施工的强度需求。

(2)垫块形状确定

根据以前施工经验确定目前钢筋保护层垫块形状有两种,一种是方形,另一种是圆形,如图8-1所示。

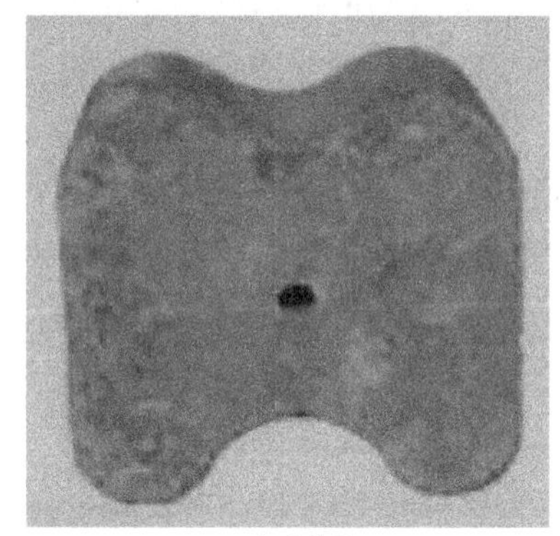

a)方形垫块

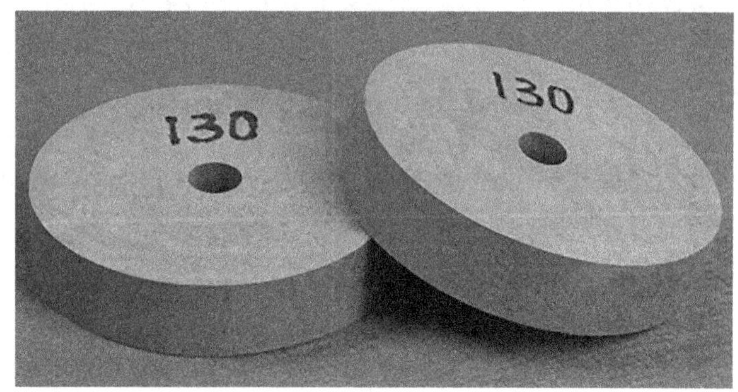

b)圆形垫块

图8-1 钢筋保护层垫块形状

由于墩柱模板为圆形,方形与圆形模板接触面较大,同时容易导致方形垫块绑扎脱落,垫块外漏部分较多,由于垫块混凝土强度与墩柱混凝土强度不同,容易在垫块外露部分加快混凝土风化腐蚀。

圆形垫块与模板接触面较少,从而保证垫块外漏部分少,减少外露部分混凝土风化腐蚀。

综上所述,最初将垫块形状锁定为圆形。后经过改进变为球面形。

(3)垫块绑扎工艺的确定

方形砂浆垫块采用铁丝绑扎,但是铁丝往往不容易绑扎牢固而导致垫块脱落;圆形垫块需要穿到钢筋上,但是由于中间孔为固定值,而墩柱钢筋直径大小不一,容易造成保护层厚度不满足要求；笔者在向其他项目学习过程中，发现部分施工单位在施工墩柱时采用焊接钢筋保护层定位筋来控制保护层厚度，该方法虽然能使保护层合格率达到95%以上，但是会外露钢筋，施工完毕后可能会因外露钢筋的生锈而加快墩柱钢筋的锈蚀，从而减少构件的使用寿命。

综上所述，将绑扎工艺确定为焊接方式。

结合上述，确定垫块形状与绑扎形式，圆形垫块与一根钢筋棍能够形成一个类似棒棒糖（图 8-2）的垫块。

但是由于圆形棒棒糖的柄比较细，无法实现焊接，如果将柄的直径增大，则圆饼将变得比较厚，变成圆柱体，使用起来不方便，经过讨论，确定了棒棒糖的另一种形式，如图 8-3 所示。这种棒棒糖形式成功解决了所有的难题。

图 8-2　棒棒糖形

图 8-3　改进后的垫块形状

8.1.3　垫块生产

项目部实验室经过试验对比最终确定通过调整水泥、特殊砂浆料、水三种原材料的配合比，从而调整新型垫块混凝土强度，使其与当前结构的混凝土强度保持一致。

垫块球状部分需要模具，项目部经过筛选与球形有关的所有物品，最终确定乒乓球为最佳模具，利用乒乓球制作新型垫块的步骤如下：

（1）水泥砂浆料按一定比例混合倒入水泥胶砂搅拌机并充分搅拌（图 8-4）。

图 8-4　水泥胶砂搅拌

(2)将搅拌好的水泥砂浆倒入乒乓球球形模具内并插入钢筋(图 8-5)。

图 8-5　插入钢筋

(3)放至沙坑等待水泥砂浆充分凝固(图 8-6)。

图 8-6　凝固

(4)烧掉外面的乒乓球模具,垫块制作完成(图 8-7)。

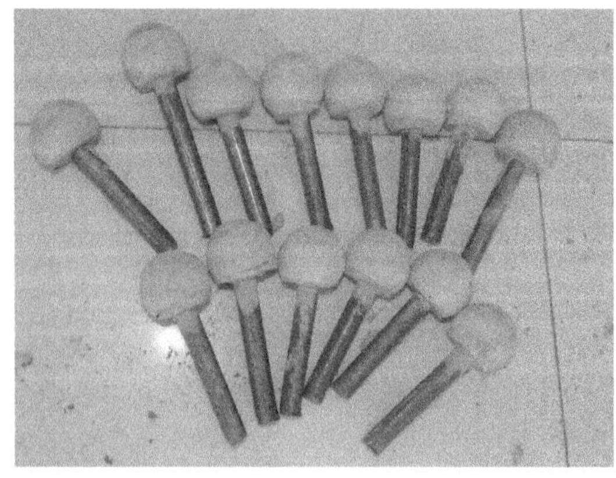

图 8-7　垫块

8.1.4 垫块性能分析

1)优点

(1)比一般的垫块强度高,钢筋头顶端混凝土不易破碎,与钢筋连接密实,能自锁,不会发生偏移。

(2)保证钢筋有足够的保护层,使钢筋处于设计的最佳受力位置,同时延长钢筋的使用寿命,防止过早腐蚀,质量稳定不宜损坏。

(3)色泽与混凝土接近,使钢筋不外露,比直接用钢筋美观。

(4)垫块用量少、经济,同时提高混凝土整体质量。

2)缺点

(1)乒乓球形模具成本高,模具不能二次利用;且在制作完成后对模具进行烧模时,不容易控制。

(2)钢筋插入模具中,因搅拌好的水泥砂浆凝固快,所以需要尽快倒入乒乓球形模具,插入钢筋,此过程需要较多人力共同协作完成。

8.1.5 垫块规模化生产

(1)生产模具改进

因模具的选用存在不足,且用乒乓球做模具成本较高,因此对模具的选用进行改进。考虑选用固定的半球形模具,能方便地将制作好的垫块从模具中取出,且可以二次利用。

采用钢板加工成模具,分为多个部分并采用螺栓固定,为批量生产奠定基础,如图 8-8、图 8-9 所示。

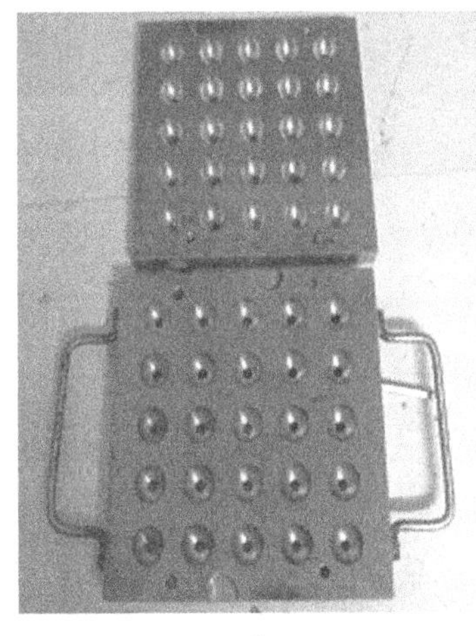

a)

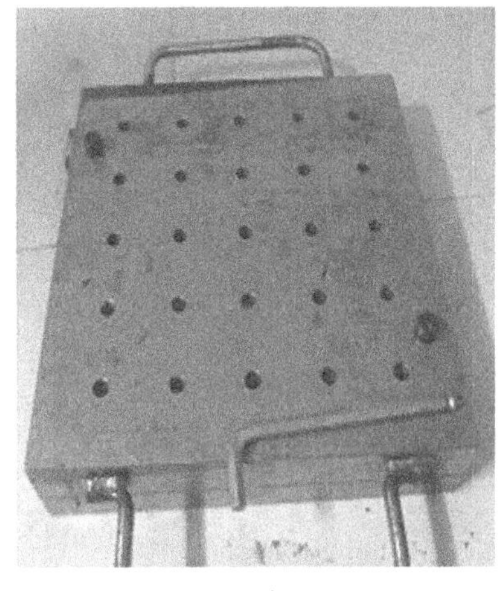

b)

图 8-8 模具一实体图

(2)方案比选

对两种模具进行试生产对比。

模具一:脱模和注浆困难且模具自重大。

模具二:相比模具一一次少制作 5 个成品,但是脱模容易,同时自重小,相比之下模具二使用较为方便。

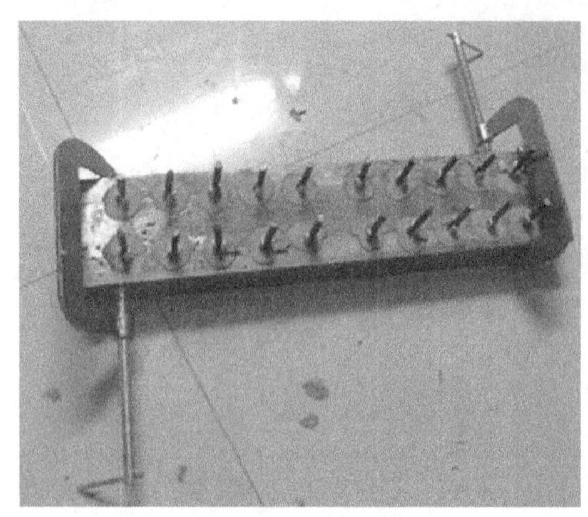

图 8-9 模具二实体图

8.1.6 垫块固定方式

垫块固定方式经多次改进，采用卡箍式和烛接式两种方式。

钢筋头的焊接方式可根据需要，采用不同方式的焊接方法，例如“#”或者“F”，从而使结构达到更稳定的状态。

8.1.7 垫块应用

球面垫块已在淮信高速公路全线推广应用，如图 8-10~图 8-12 所示。

图 8-10 安装好垫块的立柱钢筋

图 8-11 现场测量垫块焊接厚度

8.1.8 检测及使用效果

施工结束后，课题组、施工单位、监理单位和业主质监处联合对试验项目立柱的钢筋保护层厚度进行了检测(图 8-13)，检测结果显示钢筋保护层厚度合格率达到了 100%(图 8-14)。

淮信项目全线推广应用了球面垫块，验收结果为全线钢筋保护层厚度合格率在 98%以上。本成果已获 3 项国家授权专利(实用新型专利 3 项)，如图 8-15 所示。

图 8-12　立模后模板内测量保护层

图 8-13　现场检测保护层厚度

图 8-14　成品钢筋保护层厚度测量原始数据

实用新型专利证书

实用新型名称：立柱球面垫块专用安装工具

局长 申长雨

实用新型专利证书

实用新型名称：立柱球面垫块

局长 申长雨

实用新型专利证书

实用新型名称：立柱球面垫块模具

局长 申长雨

图 8-15　实用新型专利 3 项

实用新型专利 1：立柱球面垫块；

实用新型专利 2：立柱球面垫块模具；

实用新型专利 3：立柱球面垫块专用安装工具。

焦作黄河大桥主线三标中建路桥集团有限公司在桥梁立柱施工中也使用了球面垫块及安装工具，使用表明球面垫块可有效提高钢筋混凝土保护层厚度合格率。

8.2　自动化模具应用

研发的浮动式模具最初为圆柱立柱设计，后经过改进成为第二项成果方形立柱模具。

8.2.1　方形模具设计

（1）结构设计

由两块边板和两块侧板组成长方形高墩模板（图 8-16），对于不同宽度和长度的高墩，通过调整边板和侧板的位置来适应不同宽度和长度的高墩。

边板（图 8-17）和侧板（图 8-18）均为空心板，由内板和外板组成，内板和外板中间设有脱模剂储存腔，外板上设进液口，内板上设出液口，雾化器位于脱模剂储存腔出液口处，出液按钮设在外板上。将脱模剂从进液口加入，使用时按下出液按钮，脱模剂经雾化后呈雾状喷洒在内板上。

模板长方形截面长度和宽度调整原理：

长度调整原理：边板由一块定板和两块滑动板组成，两块滑动板中间设置有弹簧，两块滑动板在弹簧弹力作用下可沿定板左右滑动自动调整长度。当侧板位置固定后，边板的两块滑动板在弹簧弹力作用下边板端部顶住侧板。

宽度调整原理：侧板两端设有凹槽导轨，边板端头设有导轮，导轮可在导轨上滑动，通过调整导轮在导轨上的位置，任意调整宽度。导轮上设有摩擦定位装置，按下定位按钮，导轮固定。松开定位按钮，导轮可自由滑动。

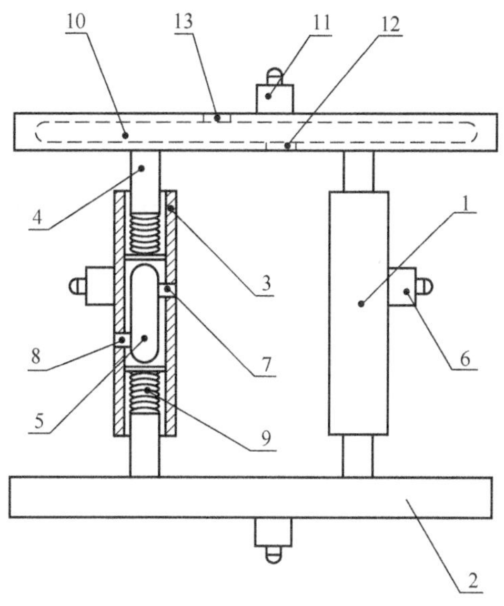

图 8-16　模板结构示意图

1-边板；2-侧板；3-定板；4-滑动板；5-脱模剂储存腔 A；6-雾化器 A；7-出液口 A；8-进液口 A；9-弹簧；10-脱模剂储存腔 B；11-雾化器 B；12-出液口 B；13-进液口 B

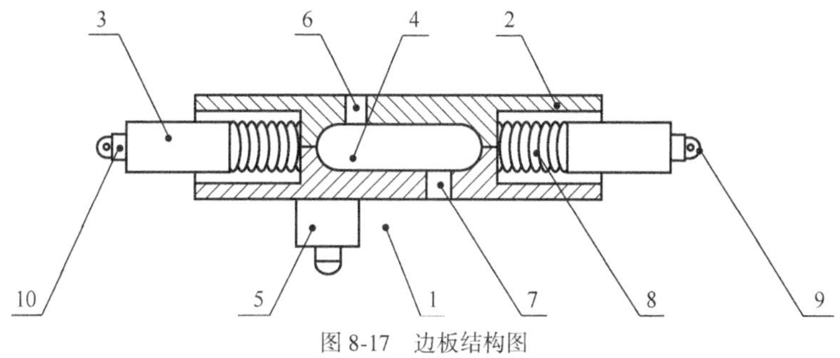

图 8-17　边板结构图

1-边板；2-定板；3-滑动板；4-脱模剂储存腔 A；5-雾化器 A；6-出液口 A；7-进液口 A；8-弹簧；9-导轮；10-定位按钮

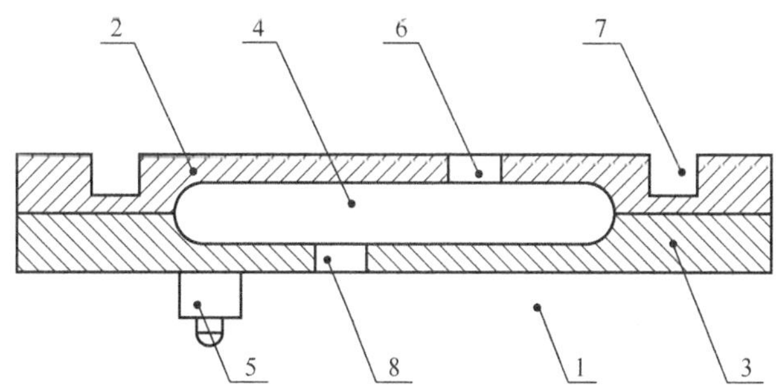

图 8-18　侧板结构图

1-侧板；2-内板；3-外板；4-脱模剂储存腔 B；5-雾化器 B；6-出液口 B；7-凹槽导轨；8-进液口 B

（2）模板定位及固定

定位及固定采用液压马达、液压泵、GPS 定位装置、液压缸、导杆、挂钩、挂环进行工作（图 8-19）。

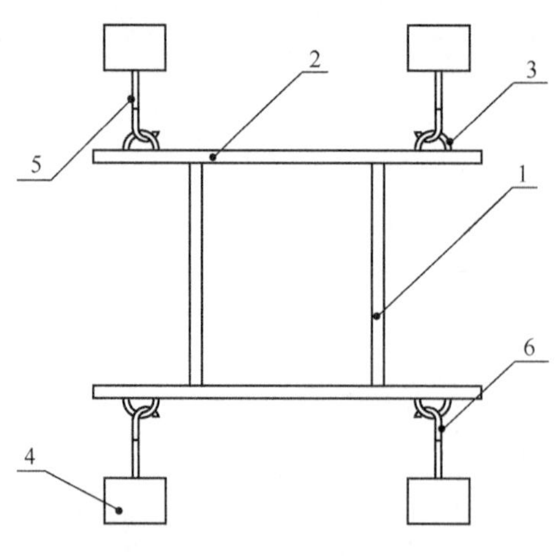

图 8-19 定位及固定系统结构图

1-边板;2-侧板;3-挂环;4-液压缸 B;5-导杆;6-挂钩

模板定位原理:导杆在液压泵驱动下可在水平方向移动,从而推动侧板在竖直面移动。工作时在控制系统输入高墩浇筑段上、下平面两个长方形的坐标,通过 GPS 定位装置,控制系统指令液压泵驱动导杆在水平方向移动到指定位置,完成侧板的定位。侧板固定后,将边板的导轮安装到侧板的导轨上,边板的两块滑动板在弹簧弹力作用下边板端着顶住侧板,根据模板长方形截面的宽度调整导轮在导轨上的位置,位置确定后按下定位按钮,导轮固定。

模板固定原理:侧板外侧四个角端部设有四根导杆,导杆前部通过挂钩连接侧板并固定侧板;导杆后部连接液压泵。

8.2.2 应用

淮信高速公路土建五标河南省第二公路工程有限公司试用了圆柱立柱浮动式自动化模具(图 8-20),应用效果非常好,钢筋保护层厚度合格率 100%,外观十分漂亮。但是由于该装置结构复杂,加工及使用成本高,没有得到普及应用。

图 8-20 浮动式智能模具应用效果

中交二公局萌兴工程有限公司在安江高速公路 TJ1B 合同段大青山特大桥 27 号墩施工过程中试用了自动化方形立柱模具(图 8-21)。自动化方形立柱模具是在浮动式立柱模具装置基础上改进而成,取消了浮动式立柱模具装置与浮动有关的结构,保留了自动化部分及脱模剂喷洒部分,大大降低了模具的生产成本。

浮动式立柱模具装置、自动化方形立柱模具均已获国家授权发明专利(2 项发明专利),如图 8-22 所示。

发明专利 1:浮动式立柱模具装置及施工工艺;

发明专利 2:一种桥梁相邻高墩循环浇筑爬升施工机械及施工工艺(含智能型方形立柱模具)。

由于各种原因,这两项发明专利没有得到推广应用,但是其模具智能化、自动化的思路是没有问题的,相信通过改进降低成本后,会得到推广应用。

图 8-21　自动化方形立柱模具

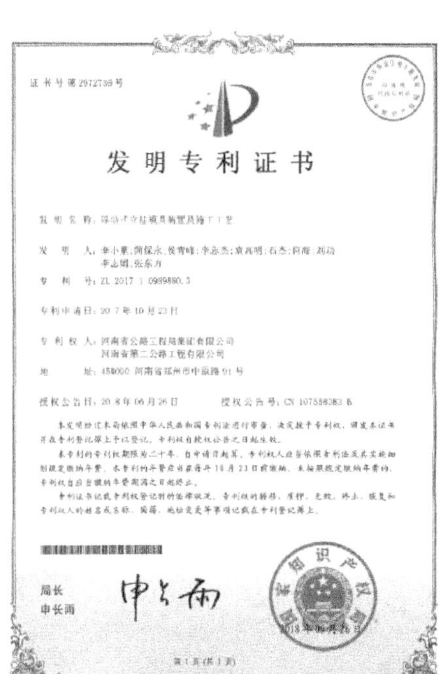

证书号第2972735号

发明专利证书

发明名称：[illegible]

发明人：[illegible]

专利号：ZL 2017 1 0989880.3

专利申请日：2017年10月23日

专利权人：河南省公路工程局集团有限公司
河南省第二公路工程有限公司

地址：450000 河南省郑州市中原路91号

授权公告日：2018年06月26日　　授权公告号：CN 107558383 B

本发明经过本局依照中华人民共和国专利法进行审查，决定授予专利权，颁发本证书并在专利登记簿上予以登记。专利权自授权公告之日起生效。

本专利的专利权期限为二十年，自申请日起算。专利权人应当依照专利法及其实施细则规定缴纳年费。本专利的年费应当在每年10月23日前缴纳。未按照规定缴纳年费的，专利权自应当缴纳年费期满之日起终止。

专利证书记载专利权登记时的法律状况。专利权的转移、质押、无效、终止、恢复和专利权人的姓名或名称、国籍、地址变更等事项记载在专利登记簿上。

局长
申长雨

2018年06月26日

第1页（共1页）

证书号第[illegible]号

发明专利证书

发明名称：[illegible]

发明人：[illegible]

专利号：ZL 2017 1 0329926.9

专利申请日：2017年05月11日

专利权人：[illegible]

地址：[illegible]

授权公告日：2018年07月10日　　授权公告号：[illegible]

本发明经过本局依照中华人民共和国专利法进行审查，决定授予专利权，颁发本证书并在专利登记簿上予以登记。专利权自授权公告之日起生效。

本专利的专利权期限为二十年，自申请日起算。专利权人应当依照专利法及其实施细则规定缴纳年费。本专利的年费应当在每年05月11日前缴纳。未按照规定缴纳年费的，专利权自应当缴纳年费期满之日起终止。

专利证书记载专利权登记时的法律状况。专利权的转移、质押、无效、终止、恢复和专利权人的姓名或名称、国籍、地址变更等事项记载在专利登记簿上。

局长
申长雨

2018年07月10日

第1页（共1页）

图 8-22　2 项发明专利

8.3 钢筋保护层厚度无损检测仪应用

淮信高速公路土建五标河南省第二公路工程有限公司、焦作黄河大桥主线三标中建路桥集团有限公司在项目结构物施工中试用了钢筋保护层厚度无损检测仪(图 8-23~图 8-28)。

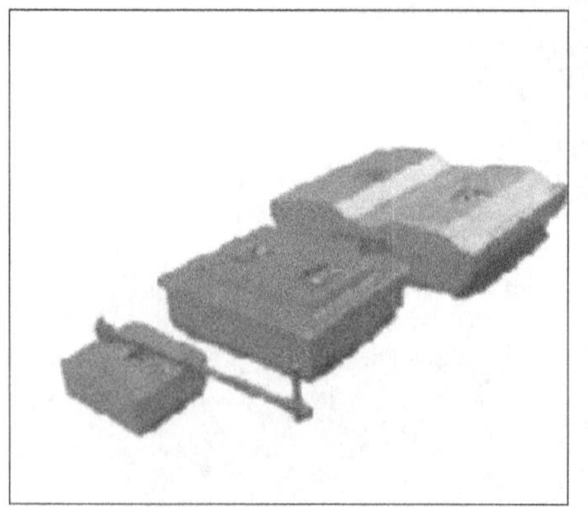
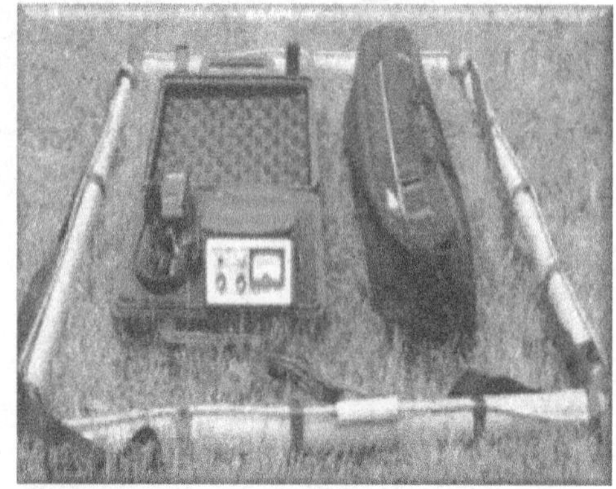

图 8-23 检测仪器

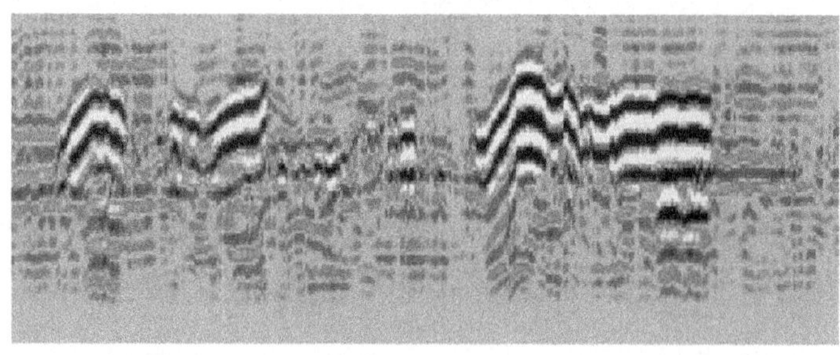
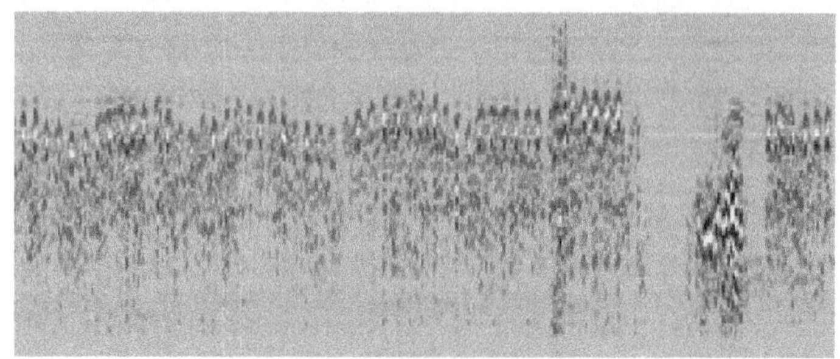

图 8-24 某立柱钢筋保护层厚度检测信号图(单一方向)

图 8-25 某箱梁钢筋保护层厚度检测信号图(单点,带模板)

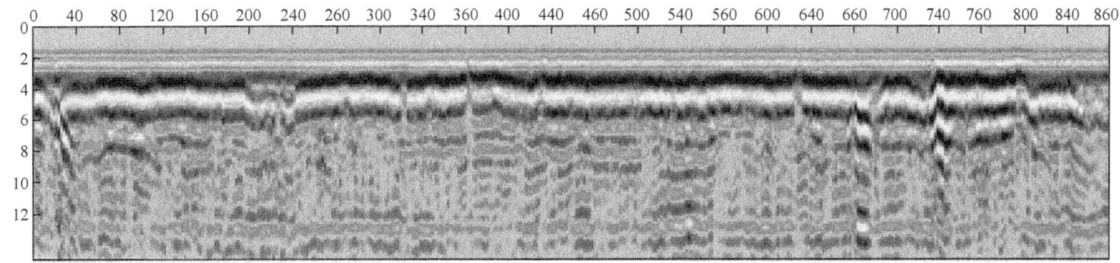

图 8-26　某立柱钢筋保护层厚度检测信号图(一个检测周,带模板)

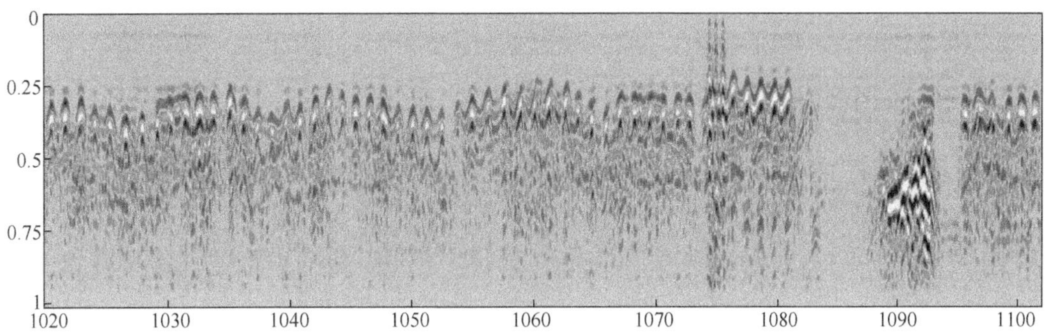

图 8-27　某 T 梁钢筋保护层厚度检测信号图(一个平面,带模板)

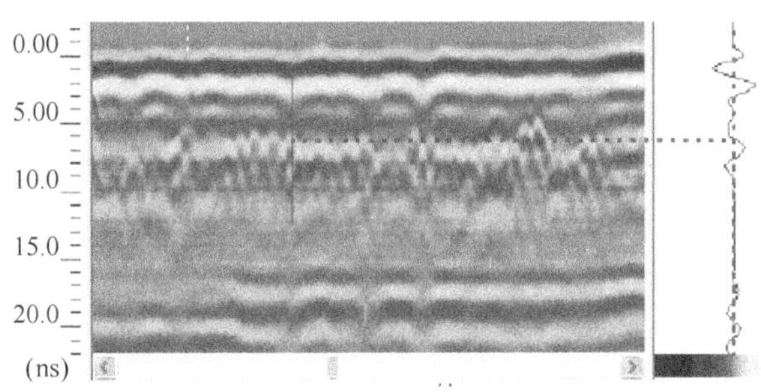

图 8-28　某立柱钢筋布置检测信号图(立模前)

将使用钢筋保护层厚度无损检测仪检测结果与用卡尺检测结果对比,误差小于 0.3mm。将施工中立模后无损检测结果与成品检测结果对比,误差小于 0.5mm(含因浇筑造成的误差)。说明该仪器性能可靠,检测准确。

参 考 文 献

[1] 赵兴宏.钢筋混凝土结构物保护层厚度控制要点[J]. 中小企业管理与科技,2014,(6):146.

[2] 贺文.钢筋混凝土结构物保护层厚度控制要点[J]. 城市建设理论研究,2015,5(12):181.

[3] 张山,陆曙明.地质雷达检测公路面层厚度的可靠性和必要性[C]//江苏省公路学会.道路工程优秀论文集．南京,1998.

[4] 李大心.探地雷达方法与应用[M]. 北京:地质出版社,1994.

[5] GOLDMAN Y, HUBANS C, NICOLETIS S, et al. A finite-element solution for the transient electromagnetic response of an arbitrary two-dimensional resistivity distribution[J].Geophysics, 2012,51(7):1450-1461.

[6] CANGELLARIS A C. Numerical stability and numerical dispersion of a compact 2-D/FDTD method used for the dispersion analysis of waveguids[J].IEEE Microwave and Guided Wave Letters,2015,3(1):3-5.

[7] TAFLOVE A, UMASHANKAR K R. Review of FD-TD numerical modelling of electromagnetic wave scattering and radar cross section[J].Proceedings of the IEEE,1989,77(5):682-699.

[8] 滕继源.钢筋混凝土结构物保护层厚度控制要点[J]. 城市建设理论研究,2015,5(12):4557-4558.

[9] 王秋实.钢筋混凝土结构物保护层厚度控制要点[J].城市建设理论研究(电子版),2014,(18):747-748.

[10] 王书林.钢筋混凝土结构物保护层厚度控制[J].中国新技术新产品,2010,(9):142.

[11] 杨传银.浅谈桥梁结构物钢筋混凝土保护层厚度施工质量控制要点[J].城市建设理论研究(电子版),2011,(35).

[12] 李仲来,彭通洲.论析钢筋混凝土结构物保护层施工控制措施[J].中小企业管理与科技,2016(2):114.

[13] 成都市卓睿科技有限公司.建筑用弧形钢筋塑料垫块:200920080773.X[P].2010-6-16.

[14] 黑龙江省中信路桥材料有限公司.一种控制钢筋保护层厚度的混凝土垫块:201520619448.1[P].2016-2-10.

[15] 陆基孟,王永刚.地震勘探原理[M].3 版.东营:中国石油大学出版社,2009.

[16] 王秉中.计算电磁学[M].北京:科学出版社,2002.

[17] 葛德彪,闫玉波.电磁波时域有限差分方法[M].西安:西安电子科技大学出版社,2002.

[18] 何兵寿,王辉,葛宝堂.时域有限差分法在地质雷达正演模拟中的应用[J].中国煤田地质,1998(4):81-83.

[19] 赵建三,郭云开,唐平英,等.公路路基工程质量无损检测综合技术试验研究[J].长沙铁道学院学报,2003,3(1):34-38.

[20] 盛余祥,刘鹏,安平,等.钢筋保护层厚度确保装置:201320399852.3[P].2013-12-18.

[21] 孙红星,康永华.有耗介质探地雷达波传播衰减特性的研究[J].工程地质学报,1999,7(4):344-348.

[22] 王惠濂.利用物理模拟和异常识别的成果进行异常识别[J].地球物理学报,1993,43(6):95-263.

[23] 张钋,李幼铭,刘洪.几类叠前深度偏移方法的研究现状[J].地球物理学进展,2000,

15(2):30-39.

[24] 马在田.高阶方程偏移的分裂算法[J].地球物理学报,1983,26(4):377-389,405-406.

[25] M M Nurul Kabir,等.用共聚焦点技术进行偏移速度分析[C]//地质矿产部石油物探研究所情报室,中国石油天然气总公司地球物理勘探局科技情报所,译.美国勘探地球物理学家学会第66届年会论文集.北京:石油工业出版社,1997.

[26] Scott A Morton,等.用共聚焦点道集进行自动叠前偏移分析[C]//地质矿产部石油物探研究所情报室,中国石油天然气总公司地球物理勘探局科技情报所,译.美国勘探地球物理学家学会第66届年会论文集.北京:石油工业出版社,1997.

[27] BERKHOUT A J.Pushing the limits of seismic imaging,Part I: Prestack migration in terms of double dynamic focusing[J]. Geophysics,1997,62(3):937-953.

[28] BERKHOUT A J. Pushing the limits of seismic imaging, Part II: integration of prestack migration,velocity estimation,and AVO analysis[J]. Geophysics,1997,62(3):954-969.

[29] THORBECKE J W. Common focus point technology [D]. Delft: Delft University of Technology,1997.

[30] 重庆陶家都市工业园开发建设有限公司.建筑施工用钢筋混凝土保护层垫块:201320820172.4[P].2014-9-24.

[31] 上海住总工程材料有限公司.钢筋网格用钢筋混凝土保护层定位件:201320242270.4[P].2014-2-12.

[32] 中国华冶科工集团有限公司.钢筋保护层垫块:201420320505.1[P].2014-10-15.

[33] 湖北全洲扬子江建设工程有限公司.钢筋混凝土保护层金属垫块:200820118026.6[P].2009-4-22.

[34] 陈冠一.一种钢筋用混凝土保护层垫块:200410060258.7[P].2006-5-17.

[35] 王新丽.结构物钢筋保护层施工质量控制[J].城市建设理论研究(电子版),2014,(36):1488-1489.

[36] 秦网根,方海东,吉同元,等.探地雷达在船台结构物检测中的应用[J].水运工程,2012(6):82-85.

[37] 余金山,吉同元,方海东,等.水工结构物混凝土保护层的作用及质量控制[J].水运工程,2011(10):46-48,53.

[38] 胡秀丽.公路工程施工中钢筋保护层厚度控制措施及检测方法[J].城市建设理论研究(电子版),2014,(5).

[39] 黄河.混凝土钢筋位置测定仪计量标准技术研究[D].大连:大连理工大学,2015.

[40] 中华人民共和国住房和城乡建设部.混凝土结构设计规范:GB 50010—2010[S].北京:中国建筑工业出版社,2010.

[41] 刘庭金,朱合华,莫海鸿.非均质混凝土破坏过程的细观数值试验[J].岩石力学与工程学报,2005,24(22):4120-4133.

[42] 叶列平,赵树红,李全旺,等.碳纤维布加固混凝土柱的斜截面受剪承载力计算[J].建筑结构学报,2000,21(2):59-67.

[43] 蒋利学,陆伟杰.混凝土结构中钢筋保护层厚度的控制[J].工业建筑,2005,35(增):179-183.

[44] 朱万成,唐春安,杨天鸿,等.岩石破裂过程分析用(RFPA^{2D})系统的细观单元本构关系及

验证[J].岩石力学与工程学报,2003,22(1):24-29.

[45] YOO T S,SELIG E T.Dynamies of viboratory roller compaction[J].Journal of the Geotechnical Engineering Division,1979.

[46] 中华人民共和国交通运输部.公路钢筋混凝土及预应力混凝土桥涵设计规范:JTG 3362—2018[S].北京:人民交通出版社股份有限公司,2018.

[47] 中华人民共和国住房和城乡建设部. 混凝土结构耐久性设计规范:GB/T 50476—2019[S].北京:中国建筑工业出版社,2019.

[48] 唐春安,朱万成,李连崇,等.材料破坏过程中应力分布的数值光弹图[J].力学与实践,2002,24(5):47-50.

[49] TANG C A.Numerical simulation of progressive rock failure and associated seismicity[J].International Journal of Rock Mechanics and Mining Sciences,1997,34(2):249-261.

[50] 崔维成.复合材料结构破坏过程的计算机模拟[J].复合材料学报,1996,13(4):104-113.

[51] BRADY B H G,BROWN E T.Rock Mechanics for Underground Mining[M].Second Edition. London:Chapama&Hall,1993.

[52] 蒋利学,陆伟杰.混凝土结构中钢筋保护层厚度的控制[J].工业建筑,2005(1):186-190.

[53] 赵羽习.钢筋锈蚀引起混凝土结构锈裂综述[J].东南大学学报(自然科学版),2013,43(5):1122-1134.

[54] 冯云芬,贡金鑫,杨国平,等.钢筋锈蚀率的概率模型及时变可靠度分析[J].水利水运工程学报,2014(1):24-32.

[55] 杨建江,郭学亮.混凝土保护层厚度的控制[J].低温建筑技术,2006(5):89-91.

[56] 徐善华,牛荻涛,王庆霖.大气环境条件下混凝土保护层取值的研究[J].土木工程学报,2005,38(11):45-50,68.

[57] 赵羽习,金伟良.钢筋锈蚀导致混凝土构件保护层胀裂的全过程分析[J].水利学报,2005,36(8):939-945.

[58] 李维红,詹坤,林雪凌.钢筋保护层厚度对钢筋混凝土梁力学性能的影响[J].大连大学学报,2008,29(6):80-83.

[59] 蒋东红.钢筋砼结构中钢筋保护层厚度控制的研讨[J].广西大学学报(自然科学版),2003,28(3):277-280.

[60] RASHEEDUZZAFAR,AL-SAADOUNS S S,AL-GAHTANI A S.Corrosion cracking in relation to bar diameter,cover,and concrete quality[J].Journal of Materials in Civil Engineering,1992,4(4): 327-342.

[61] MAKHLOUF H M,MALHAS F A.Effect of thick concrete cover on the maximum flexural crack width under service load[J].ACI Structural Journal,1996,93(3): 257-265.

[62] PRABAKAR J,CHELLAPPAN A,SRINIVASAN P.Effect of concrete grades,cover thickness and surface coating of RC on durability[J].Indian Concrete Journal,2007,81(2):15-22.

[63] MATSUSHIMA M,TSUTSUMI T,SEKI H,et al.Study of the application of reliability theory to the design of concretecover[J].Magazine of Concrete Research,1998,50 (1): 5-16.

[64] 吕艳梅,刘立新,罗卫华.商品混凝土收缩性能的试验研究[J].郑州大学学报(工学版),2004,25(3): 65-69.